苏州大学东亚历史文化研究中心
吉林省社会科学院满铁研究中心

满洲交通史稿补遗

第一卷

主　编　武向平　孙　彤
副主编　孙　雁

SSAP
社会科学文献出版社
SOCIAL SCIENCES ACADEMIC PRESS (CHINA)

图书在版编目(CIP)数据

满洲交通史稿补遗：全八卷 / 武向平，孙彤主编
. —北京：社会科学文献出版社，2021.12
ISBN 978-7-5201-9529-4

Ⅰ.①满… Ⅱ.①武… ②孙… Ⅲ.①交通运输史-东北地区-近代 Ⅳ.①F512.9

中国版本图书馆 CIP 数据核字（2021）第 270954 号

满洲交通史稿补遗（全八卷）

主　　编 / 武向平　孙　彤

出 版 人 / 王利民
责任编辑 / 李建廷
责任印制 / 王京美

出　　版 / 社会科学文献出版社 · 人文分社（010）59367215
地址：北京市北三环中路甲 29 号院华龙大厦　邮编：100029
网址：www. ssap. com. cn
发　　行 / 社会科学文献出版社（010）59367028
印　　装 / 上海世纪嘉晋数字信息技术有限公司

规　　格 / 开　本：787mm×1092mm　1/16
印　张：281　字　数：450 千字　幅　数：4400 幅
版　　次 / 2021 年 12 月第 1 版　2021 年 12 月第 1 次印刷
书　　号 / ISBN 978-7-5201-9529-4
定　　价 / 4800.00 元（全八卷）

读者服务电话：4008918866

武向平，历史学博士，苏州大学社会学院历史系教授、世界史学科带头人、东亚历史文化研究中心主任、博士生导师。国家社科基金同行评审专家，中国日本史学会副秘书长，中国抗日战争史学会常务理事。主要研究领域为满铁史、日本史和中日关系史，尤长于满铁档案资料的整理与研究。

主持国家社科基金重大项目1项、一般项目1项、青年项目1项；承担国家社科基金重大项目子课题及抗日战争研究专项工程项目子课题项目3项。出版学术著作11部，独立发表学术论文30余篇，被《新华文摘》《中国社会科学文摘》全文转载4篇。荣获省部级社会科学优秀成果一等奖3项，省部级“双创人才”“拔尖创新人才”“有突出贡献的中青年专业技术人才”等称号。

孙　彤，吉林省社会科学院满铁研究中心研究馆员。1985年以来长期从事满铁资料整理与研究工作。发表多篇相关论文。以主编、副主编、编辑者身份编辑出版了《关东军满铁与伪满洲国傀儡政权的建立》《满铁档案资料汇编》《满洲交通史稿》《满铁内密文书》《中国朝鲜族史料全集》《近现代日本涉华密档·海军卷》《近现代日本涉华密档·陆军卷》等大型多卷本史料集。翻译《日本战后满铁研究状况》（上、下）等多篇文章。

孙　雁，东北师范大学世界史博士，吉林省社会科学院满铁研究中心助理研究员。研究方向为日本财阀史、日本侵华史。主持省级项目2项。代表作有《三菱财阀国策会社性质探析》《1937—1945年三菱财阀的经营活动与日本侵华战争》等。

国家社科基金重大项目
“近代日本在华资源‘调查’及盗绘图表整理与研究（1868-1945）”
（项目编号：18ZDA204）阶段成果

国家社科基金一般项目
“近代日本在华资源‘调查’及盗绘图表整理与研究（1894-1945）”
（项目编号：18BZS090）阶段成果

江苏省“双创人才”
（项目编号：JSSCRC2021572）项目资助

前言

一 《满洲交通史稿》的由来

一九五八年，吉林省社会科学院解学诗先生担任国家经济史课题之一『满铁史资料』课题组组长，经国家有关部门允准，对全国各地满铁档案资料进行整理，在待处理的废纸堆中发现了一九三九年满铁调查部持续对中国东北交通史进行调查所形成的一系列成果，即《满洲交通史稿》（以下简称《史稿》），总计一万三千余页。解先生根据多年满铁档案资料编纂的经验判定，该《史稿》是满铁调查部末期受关东军之委托，对东北交通史所进行的一次大规模调查活动的文字实录材料。九一八事变后，日本将所炮制的伪满洲国作为对中国东北进行殖民统治的代行工具，在独占东北地区铁道交通设施的基础上，集中力量以平均每年五百公里的速度扩建铁路，至太平洋战争爆发前夕，铁路总里程突破一万公里。为了彰显对中国铁路掠夺的『成果』，满铁于一九三九年底成立了满洲交通史编纂委员会，任命满铁理事中西敏宪为委员长，由伪满洲国交通部、满铁调查部、满铁铁道总局企画委员会等诸多部门四十余人参与满洲交通史的整理和编纂工作。

满洲交通史研究编纂对象，从所跨越的地域范围来看，主要是『伪满洲国接壤地区』；从所涉及的交通线路种类来看，主要包括铁路、水运及港湾、汽车及道路等三个方面；从编纂的方法来看，主要是按照编年史的方法并辅以分类法，按照年代顺序进行排列。当时，《满洲铁路史编纂要纲》设定了编纂框架，分为政策编六章、建设编八章、运营编四章、附录编一章，后由于庞大的资料收集、整理和编辑事务影响了该项编纂工作，再加上一九四二年满铁调查部事件后，调查部改为调查局，编纂工作滞后，最后形成了满洲铁路创建期（一八九四至一九〇三）、日俄战争与满铁会社创立期（一九〇四至一九一三）、第一次世界大战与中东铁路共管期（一九一四至一九二〇）、中国铁路权益回收期（一九二一至一九三〇）、满洲铁路统一期（一九三一至一九四五）等五个时期的满洲交通史内容。

二　《满洲交通史稿》编辑出版

二〇一二年十二月，由解学诗担任主编的二十卷本《满洲交通史稿》由社会科学文献出版社出版。解学诗在编辑整理该批材料的过程中，按照时间顺序在原稿的基础上做了适当归类调整，最后形成了在国内外具有重要影响的中国东北铁路史资料汇编成果。其中，第一卷包括关内外铁路向关外延长、俄国修筑中东铁路等；第二卷包括日俄战争后日本对东北的铁路攫取、对南满铁路的占领与管理，俄国铁路权益的割让，铁路权益的中方保障等；第三卷包括满铁设立及性质，俄国移交铁路、港湾等权益，美国对东北铁路收买计划等；第四卷包括满铁攫取吉长铁路经营权及交涉等；第五卷包括满蒙五路问题交涉、孙文十万英里铁路计划等；第六卷包括齐昂、溪城、通裕、四郑、四洮等铁路修建等；第七卷包括南满铁路及安奉线期限延长，吉会铁路、天图铁路修建计划等；第八卷包括朝鲜铁路委托满铁经营、中东铁路及西伯利亚铁路共管问题交涉、『二十一条』与旅大铁路回收等；第九卷包括俄国革命与中国势力扶植，洮昂铁路、吉敦铁路、奉海铁路修筑等；第十卷包括京奉铁路、奉海铁路、开丰铁路等材料；第十一卷包括吉海铁路、锦朝铁路、打通铁路、齐克铁路等修筑问题；第十二卷包括满蒙新五路、金福铁路、『新东北交通委员会』等材料；第十三卷包括九一八事变后东北铁路新线建设处理、伪满洲国交通部设立等；第十四卷包括国联调查团视察满洲、国联调查团报告书等；第十五卷包括铁路受托经营、满洲交通史年表等；第十六卷包括东清铁路建设报告书等摘译，奉山铁路、沈海铁路等问题；第十七卷包括大连港、各港年表等材料；第十八卷包括旅顺港、安东港、营口港等材料；第十九卷包括汽车运输事业的统制、民营客运汽车事业统制等材料；第二十卷包括新京交通株式会社、奉天交通株式会社等。

三 《满洲交通史稿补遗》主要内容

本次编辑出版的《满洲交通史稿补遗》是解学诗主编出版的二十卷《满洲交通史稿》的遗漏部分。本史料的面世，得益于吉林省社会科学院满铁研究中心孙彤老师多年跟随解学诗先生进行满铁档案资料的编辑整理，其将新发现的史料与公开出版的《满洲交通史稿》进行核对，发现内容并不重复，并且可以作为已出版的《满洲交通史稿》的补充，这对于研究日本对中国东北路权的掠夺以及中国东北地方交通史具有重要意义。二〇一六年十一月，吉林省社会科学院满铁研究中心成立后，为了保持《满洲交通史稿》的完整性，常务副主任武向平以及孙彤老师等多方研究后，决定以《满洲交通史稿补遗》为名出版该批资料，该出版计划也得到了当时有关院领导的准允。

本次出版的《满洲交通史稿补遗》共计四千余页，主要包括海运、铁路和汽车运输等三部分。其中，海运部分包括海上运输线、港口法规、满铁与上海航线的开辟、北清轮船公司、大连合名轮船公司、港湾运营关系资料；铁路部分包括日本昭和五年铁路借款事项、四郑铁路修建等；公路部分包括汽车相关文献目录及立案调查、关东厅直营汽车国际运输株式会社、汽车事业概况、满洲汽车数量、运输法规、汽车工业五年计划、汽车相关杂件等。

以上是《满洲交通史稿补遗》的大体内容。解学诗作为中国满铁研究第一人，一生致力于满铁档案资料的编辑整理工作，其在《满洲交通史稿》序言中指出，由于这部分资料过于零散，有一部分尚未搜集整理到，希望有朝一日后继者能够将其补齐。本次补遗材料的整理出版，也在一定意义上完成了解先生的心愿。

本书出版之际，要感谢社会科学文献出版社人文分社宋月华社长、李建廷总编辑多年来对满铁资料出版的大力支持与帮助。

武向平

二〇二一年十月十五日

总目录

第一卷

海运港湾编 一

海运、港口法规

总目录

第二卷

海运港湾编　二

满铁与上海航线

北清轮船、大连合名轮船公司

港湾编·第三类·运营关系资料（上）

第三卷

海运港湾编 三

港湾编·第三类·运营关系资料（中）

第四卷

海运港湾编　四

港湾编·第三类·运营关系资料（下）

第五卷

铁路编　二

四郑铁路建设

汽车与公路编　一

贰拾七册　公路汽车相关文献目录及调查立案目录

拾六册　关东厅直营汽车国际运输株式会社（参见第十九卷）

第六卷

汽车与公路编　二

贰拾册　汽车事业概况

贰拾壹册　满洲汽车保有数

贰拾贰册　满洲汽车运输事业法及其他法规（上）

第七卷

汽车与公路编　三

贰拾贰册　满洲汽车运输事业法及其他法规（下）

第八卷

汽车与公路编　四

贰拾四册　汽车工业五年计划与同和汽车

贰拾五册　汽车相关资料　杂件

本卷目录

海运港湾编　一

海运、港口法规

本卷目录

海运港湾编

一

開港取締法施行規則

康德五年四月二十三日

交通部令第八號

改正康德五年五月交通部令十一號

No. 20265

76

一、満洲国関税取締法施行規則

康徳五年四月二十五日

No. 1

開港取締法施行規則

康徳五年四月二十三日

交通部令第八號

改正 康徳五年五月交通部令一一號

茲ニ開港取締法施行規則ヲ左ノ通制定ス

開港取締法施行規則

第一條 入港ノ船舶ハ港界線附近ニ於テ税関長ヨリ碇泊所ノ指定ヲ受クヘシ

碇泊所ノ指定ハ特定信號(無線電信又ハ無線電話ヲ含ム)ニ依リ之ヲ為スヘシ

No. 2

特信又旗號及之ヲ行フ場所ハ別ニ告示ス

第二條　船舶ノ入港ハ日出ヨリ日沒迄トス但シ豫メ稅関長ノ許可ヲ受ケタル者又ハ開港取締法第十八條ニ規定スル船舶ニ付テハ此ノ限ニ在ラス

第三條　開港取締法第五條ニ規定スル入港届ハ第一號書式、出港届ハ第二號書式ニ依リ稅関長ニ之ヲ提出スベシ

第四條　出港届ヲ提出シタル後二十四時間以上港内ニ碇泊スル船舶ハ更ニ出港届ヲ提出スルニ非サレバ出港スルコトヲ得ス

第五條　出港シタル船舶避難、修繕其ノ他ノ事故ノ為出港後十二時間以内ニ歸港シタルトキハ其ノ事由ヲ記載シタル届書ヲ

ヨ－0022　B列5　28字×10　南滿洲鐵道株式會社　(16, 6, 5,000冊 …)

No. 3

以テ入港届ニ代フルコトヲ得

第六條 船舶ハ左ノ各號ノ一ニ該当スル場合ヲ除クノ外公ノ航路ニ碇泊又ハ停船スルコトヲ得ス

一 港内ノ工事ニ從事スルトキ

二 難破物又ハ沈設品ノ引揚ニ從事スルトキ

三 遭難船舶ノ救助ニ從事スルトキ

四 運轉ノ自由ヲ得サルトキ

五 特ニ税関長ノ許可ヲ受ケタルトキ

第七條 汽船防波堤入口ニ於テ出會ノ虞アルトキハ入港船ハ防波堤外ニ於テ出港船ノ進路ヲ避クヘシ

No. 4

第九條　船舶ハ並列シテ航行スルコトヲ得ス
船舶連航スルトキハ相当ノ距離ヲ保ツヘシ
第十條　公ノ航路ヲ横切ラントスル船舶ハ航路ヲ航行スル他船ノ進路ヲ避クヘシ
公ノ航路ニ於テ行逢ヒタル船舶ハ互ニ航路ノ右側ヲ航行スヘシ
船舶ハ公ノ叉路ニ於テ他船ヲ追越スコトヲ得ス
第十一條　雑種船ハ汽船及帆船ノ進路ヲ避クヘシ
前項ニ於テ雑種船ト称スルハ汽艇、艀船、端舟又ハ櫓櫂ヲ以テ運転スル舟ヲ謂フ

ヨ－0022　B列5　28字×10　南滿洲鐵道株式會社　(16.6.5,000冊 …)

No. 5

第十二條 船舶ハ防波堤若ハ碼頭又ハ碇泊船等ノ一端ヲ右舷ニ見テ通航スルトキハ之ニ近寄リ左舷ニ見テ通航スルトキハ之ニ遠サカリテ航行スヘシ

第十三條 火気ヲ有スル汽艇又ハ端舟ニシテ赤旗又ハ紅燈ヲ掲グル船舶ノ近傍ヲ運航スル場合ハ安全ナル距離ヲ保チ己ムヲ得サル場合ヲ除クノ外風下側ヲ航行スヘシ

第十四條 開港取締法第十二條ノ危険物トハ別表ニ掲クルモノヲ謂フ

第十五條 危険物ニシテ船舶備付ノ大砲一門毎ニ火薬五十發分門管又ハ爆管七十個、小銃一挺毎ニ實包又ハ空包百發分、雷

No. 6

管百五十個及信號用榴弾、焔管、救命焔又ハ船舶所要ノ目的ヲ證明シ得ル容易ニ燃焼スヘキ物件ハ之ヲ船舶ノ常用ト看做ス

第十六條　船舶ハ税関長ノ許可ヲ受クルニ非サレハ常用外ノ危険物ヲ積卸シ又ハ運搬スルコトヲ得ス

前項ノ船舶ハ晝間ニ在リテハ赤旗、夜間ニ在リテハ紅燈ヲ掲グヘシ

第十七條　船舶ヲ艤装、修繕又ハ休繋セントスル者ハ豫メ其ノ旨ヲ税関長ニ届出ヅヘシ之ヲ發見シタル者亦同シ

前項ノ場合ニ於テ税関長必要アリト認ムルトキハ乗組員ノ一

ヨ－0022　B列5　28字×10　南滿洲鐵道株式會社　(16.6.5,000冊)

No. 9

部ノ残留ヲ命スルコトヲ得

第十八條 難破又ハ沈設其ノ他ノ事故發生シタルトキハ遅滞ナク其ノ旨ヲ税関長ニ届出ヅベシ之ヲ發見シタルトキ亦同ジ

第十九條 總噸数三百噸以上ノ船舶錨泊スルトキハ税関長ノ許可ヲ受ケタル場合ヲ除クノ外雙錨泊ヲ為スベシ但シ防波堤外ニ錨泊スル場合ハ此ノ限ニ在ラス

税関長必要アリト認ムルトキハ前項ノ規定ニ拘ラズ總噸数三百噸未満ノ船舶及防波堤外ニ錨泊スル船舶ニ付テモ雙錨泊ヲ命スルコトヲ得

第二十條 船舶ノ妨害トナルベキ難破物又ハ沈設品ノ引揚ヲ為

No. 8

サントスルトキ

二　法令ノ規定ニ依ルニ非スシテ特設信號ヲ用ヒントスルトキ

三　船舶ヲ進水セントスルトキ

四　船舶ニ積載スル竹木ヲ水面ニ卸シ又ハ筏若ハ水面ニ浮ヒタル竹木ヲ繫留シ若ハ之ヲ運搬セントスルトキ

第二十二條　船舶他ノ船舶、筏等ヲ曳航スルトキハ稅関長ノ定ムル數又ハ長サヲ超ユルコトヲ得ス

第二十三條　船舶其ノ碇泊又ハ航行ノ妨害トナルヘキ場所ニ於テ漁撈ヲ為スコトヲ得ス

ヨー0022　B列5　28字×10　南滿洲鐵道株式會社　(16.6.5,000部)

No. 9

第二十四條 船舶ハ他船ノ碇泊又ハ航行ノ妨害トナルベキ探照燈其ノ他類似ノ燈火ヲ使用スルコトヲ得ス

第二十五條 税関長必要アリト認ムルトキハ期間及区域ヲ限リ船舶ノ航行ヲ禁止スルコトヲ得

前項ノ期間及区域ハ之ヲ告示ス

第二十六條 気象信號ノ方法ニ関シテハ税関長之ヲ告示ス

第二十七條 本令中第一條、第六條乃至第十條、第十二條及第二十五條ノ規定ハ軍艦及帝國警備船ニ付テモ之ヲ適用ス

第二十八條 削除（康徳五年第一一號）

附 則

No. 10

本令ハ開港取締法施行ノ日ヨリ之ヲ施行ス

（別表省略）

ヨ－0022　B列5　28字×10　南滿洲鐵道株式會社　（16. 6. 5,000冊 緑川納）

開港取締法

康德五年四月二十一日

勅令第六三号

No. 20264

21-

満洲通関慣取締法

康徳五年四月二十一日

ヨ－0022　B列5　8字×10　南満洲鐵道株式會社

No.

開港取締法

康德五年四月二十一日

勅令第六三号

朕組織法第三十六條ニ依リ參議府ノ諮詢ヲ經テ開港取締法ヲ裁可シ玆ニ之ヲ公布セシム

開港取締法

第一條 關稅法第百十六條ノ規定ニ依ル第一種開港内ニ於ケル取締ニ付テハ他ノ法令ニ別段ノ規定アルモノヲ除クノ外本法ニ依ル

第二條 船舶ハ入港前稅關長ヨリ碇泊所ノ指定ヲ受クヘシ但シ

ヨ－10132 B列5 28字×10 南滿洲鐵道株式會社

No. 2

豫メ税関長ノ許可ヲ受ケタルモノハ此ノ限ニ在ラス

第三條　船舶ハ税関長ノ許可ヲ受クルニ非サレハ指定セラレタル碇泊所ヲ変更スルコトヲ得ズ但シ天候其ノ他已ムヲ得サル事由ニ因リ船舶ノ危険ヲ避クル為必要アル場合ハ此ノ限ニ在ラズ

前項但書ノ規定ニ依リ碇泊所ヲ変更シタルトキハ遅滞ナク其ノ事由及碇泊所ヲ届出ツヘシ

第四條　税関長必要アリト認ムルトキハ碇泊所ノ変更ヲ命スルコトヲ得

第五條　入港船舶ハ入港後遅滞ナク入港届ヲ出港船舶ハ出港前

ヨ－0022　B列5　28字×10　南滿洲鐵道株式會社　(16, 6, 3,000冊 [illegible])

No. 3

出港届ヲ税関長ニ提出スヘシ但シ一定ノ日時ニ出港スル船舶ハ其ノ入港届ト共ニ届出港ヲ為スルコトヲ得

第六條　船舶ハ入港及出港ノ際其ノ所属國旗及信號符字ヲ掲揚スヘシ入港シタル船舶ハ入港届ヲ提出シタル後ニ非サレハ所属國旗及信號符字ヲ引下スコトヲ得ス

船舶出港セントスルトキハ豫メ出帆旗ヲ掲揚スヘシ

第七條　入港シタル船舶ハ税関長ノ許可ヲ受ケタル後ニ非サレハ他ノ船舶ハ陸地トノ間ニ於テ交通ヲ為スコトヲ得ス

第八條　船舶ハ法令ニ別段ノ定アル場合ヲ除クノ外公ノ航路ニ碇泊又ハ停船スルコトヲ得ス

No. 4

第九條　船舶カ航路標識、碼頭其ノ他公ノ工作物ヲ毀損シタルトキハ税關長ハ当該船舶ヲシテ其ノ修繕又ハ再設ノ為ニ要スル費用ヲ支辨セシムルコトヲ得

第十條　公ノ航路ノ妨害トナリ又ハ船舶ニ危害ヲ及ボス虞アル難破物其ノ他ノ物件アルトキハ税關長ハ期間ヲ指定シ其ノ所有者又ハ管理人ニ之ガ除去ヲ命スルコトヲ得

前項ノ命令ヲ受ケタル者之ニ従ハサルトキハ税關長ハ所有者又ハ管理人ノ費用ヲ以テ之ヲ除去スルコトヲ得

第十一條　船舶ハ荷足、灰燼、塵芥、油類其ノ他船舶ノ航行、碇泊又ハ停船ヲ妨グベキ物件ヲ港内ニ投棄スルコトヲ得ズ

ヨ－0022　B列5　28字×10　南滿洲鐵道株式會社　(10.6.5,000冊 [illegible])

No. 5

荷足、石炭其ノ他水底ニ推積スベキ物件ノ積卸ヲ為サントスルトキハ其ノ脱落ヲ防グ為必要アル措置ヲ為スベシ

第十二條　常用以上ノ危険物ヲ積載シテ入港セントスル船舶ハ港外ニ於テ晝間ニ在リテハ國際信號ノB旗、夜間ニ在リテハ紅燈ヲ揚ゲ税関長ノ指揮ヲ受クベシ

船舶ハ税関長ノ指定スル場所ニ非サレバ前項ニ規定スル物件ノ積卸ヲ為スコトヲ得ス

税関長前項ノ場所ヲ港内ニ指定スルコトヲ不適当ト認ムルトキハ之ヲ港外ニ指定スルコトヲ得

前項ノ規定ニ依リ指定シタル場所ハ当該船舶ニ付テハ之ヲ港

No. 6

收ト看做ス

第十三條　暴風雨ノ徴アルトキ又ハ警報信號ノ揭ゲラレタルトキハ船舶ハ漂流ノ防止及運轉ノ準備ヲ爲スヘシ

第十四條　船舶救助ヲ求ムルノ要アルトキハ間斷ナク汽笛、汽角又ハ霧中號角ヲ吹鳴シ且晝間ニ在リテハ國際信號ノNC旗ヲ揭ゲ夜間ニ在リテハ星火ヲ發スル榴彈、火箭其ノ他發火信號ヲ爲スヘシ

火災ノ場合ニ在リテハ救援ノ來ル迄船鐘ヲ打鳴シ且晝間ニ在リテハ國際信號ノNQ旗ヲ揭ケ夜間ニ在リテハ紅燈ヲ上下スベシ

ヨ－0022　B列5　28字×10　南滿洲鐵道株式會社　(16. 6. 5,000冊 [illegible])

No. 9

警察官吏ノ救援ヲ求ムルノ要アルトキハ晝間ニ在リテハ國際信號ノST旗ヲ揭ゲ夜間ニ在リテハ藍火又ハ閃光ヲ示スヘシ

第十五條　本法其ノ他法令ニ別段ノ定アル場合ヲ除クノ外霧中汽笛、汽角若ハ霧中信號角ヲ吹鳴シ又ハ銃砲、煙火其ノ他爆音ヲ發スルモノヲ使用スルコトヲ得ス

第十六條　本法中船舶ニ関スル規定ハ廢船其ノ他船舶類似ノ工作物ニ付之ヲ準用ス

第十七條　税関長ハ軍艦及帝國警備船ノ為碇泊区域ヲ定ムヘシ

第十八條　國內各港間又ハ平水区域ノミヲ航行スル船舶ニシテ第十二條第一項ノ規定ニ該当セザルモノハ税関長ノ定ムル区

No. 8

域ニ碇泊スル場合ニ限リ第二條ノ規定ニ依ル碇泊所ノ指定ヲ受クルコトヲ要セス。

第十九條　沿海区域以下ノ区域ノミヲ航行スル帆船及平水区域ノミヲ航行スル船舶ニハ第六條、總噸數二十噸未満ノ船舶及櫓櫂ヲ以テ運轉スル舟ニハ第五條及第六條ノ規定ヲ適用セス

第二十條　本法中第二條乃至第四條、第八條、第十一條及第十八條ノ規定ハ軍艦及帝國警備船ニ付テモ之ヲ適用ス

第二十一條　本法又ハ本法ニ基キテ為ス處分ニ違反シタル者ハ三百圓以下ノ科料ニ處ス

第二十二條　本法中船舶ノ義務ニ関スル規定ハ船長又ハ其ノ職

務ヲ行フ者ニ付之ヲ適用ス

船長又ハ其ノ職務ヲ行フ者ハ其ノ船舶ノ乗組員ガ本法中若ハ本法ニ基キテ發スル命令ノ規定又ハ之ニ基キテ為ス處分ニ違反シタル場合ニ於テハ自己ノ指揮ニ出テサル故ヲ以テ其ノ責ヲ免ルルコトヲ得ス

第二十三條第二十一條又ハ本法ニ基キ發スル命令ニ規定スル科料ニ處スル場合ハ税関長ヲ決定シ書面ヲ以テ其ノ納付ヲ命ズベシ

第九條若ハ第十條第二項ニ規定スル費用又ハ科料ノ納付ヲ命ゼラレタル者之ニ不服アルトキハ訴願ヲ為スコトヲ得

No. 10

費用又ハ料料ノ徵收ニ関シテハ國税徵收法ノ規定ヲ準用ス但シ督促ヲ為スコトヲ要セス、

第二十四條　税関長ハ第九條若ハ第十條第二項ノ規定ニ依リ費用ノ納付ヲ命ゼラレ又ハ第二十一條若ハ本法ニ基キテ發スル命令ノ規定ニ依リ料料ニ處セラレタル船舶ガ之ヲ完納スルニ至ル迄ノ間其ノ出港ヲ差止ムルコトヲ得

第二十五條　関税法第百六十條ノ規定ニ依ル第一種開港以外ノ港及ニ於ケル取締ニ関スル命令ニ於テ費用ノ負擔ヲ命ズル規定ヲ設クルトキハ第二條ノ規定ト同一ノ定ヲ為スコトヲ得

附則

ヨ―0022　B列5　28字×10　南滿洲鐵道株式會社

No. 11

本法ハ康德五年五月一日ヨリ之ヲ施行ス

ヨ－0022　B列5　28字×10　南滿洲鐵道株式會社　(16. 6. 5,000冊 [illegible])

大連港港則

明治四十年十一月二十九日

府令 第七十四号

21317

1 No.

（治字）

大連港港則（明治四十年十一月二十九日府令第七十四號）

大連港港則左ノ通相定ム

大連港港則

第一條　黄白嘴ノ外端ヨリ和尚島ノ東端東嘴子ニ至ル一線以西ヲ大連港トス。

第二條　港内ヲ分チテ三区トス

大連区　黄白嘴ノ外端ヨリ北長山ニ向テ引タル一線ノ西南全面。

柳樹屯区　前項ノ線ノ北長山南東岸ニ達シタル所ヨリ和尚島ノ東南外端ニ至ル一線以北ノ水面

（本規則は明治四十三年十月二十六日府令第四三号に依る大連港則の ~~[illegible]~~ 制定に伴ひ廃止さる。）

20

ヨ－0022　B列5　28字×10　南滿洲鐵道株式會社　(15. 10. 7,500冊 一置番號)

2 No.

碇泊区　大連柳樹屯両区ノ中間ノ水面

第三條　大連区柳樹屯区ヲ分チテ左ノ六区トス

第一区　海軍桟橋ノ緑燈竿ト船渠波止場ノ紅燈竿トヲ一直線ニ見タル以東ノ水面

第二区　防波堤西端ノ浮標ヨリ臭水屯煙突ニ向テ引タル一線以南ノ水面

第三区　第二区以北ノ水面

第四区　老龍頭ノ外端ヨリ棉花島角ニ至ル一線以内ノ甜水套

第五区　棉花島角ヨリ黄狼子角ニ至ル一線以北ノ河套

第六区　第四第五両区以外ノ水面

9－0022　B列5　28字×10　南滿洲鐵道株式會社　(15. 10. 7,500冊)

3

No.

第四條　各船舶ハ入港スルニ當リ國籍及信號符字ヲ掲ケ自由ニ旅泊區域ニ投錨スルコトヲ得

前項ノ船舶ハ自由交通ノ許可ヲ受ケタルニ非サレハ大連區及柳樹屯ニ通航スルコトヲ得ス

第五條　自由交通ノ許可ヲ受ケタル船舶ニシテ大連埠頭ニ繋留セムトスルモノハ第一區域ニ通航スルコトヲ得

第六條　碇泊ノ際大連區域ニ於テ貨物ノ積卸ヲ為サムトスル船舶ニシテ自由交通ノ許可ヲ受ケタルモノハ随意ニ第二區ニ通航スルコトヲ得

第七條　常用ニ超過スル爆發物又ハ容易ニ燃燒スヘキ物品ヲ積

4
No.

載セル船舶ニシテ自由交通ノ許可ヲ受ケタルモノハ第五区域
ニ投錨スヘシ
第八條 関東州沿岸ヲ航通スル船舶ハ第二区ヲ除クノ外自由ニ
他ノ区域ニ出入スルコトヲ得
前項ニ掲ケル船舶ヲ除クノ外他ノ船舶ハ第四区域ニ進航スル
コトヲ得ス
第九條 柳樹屯区ニ於テ貨物ノ積込ヲ為サムトスル船舶ハ特許
ヲ受ケタルニ非サレハ第五区域ニ進航スルコトヲ得ス
第十條 柳樹屯区ニ於テ貨物ノ陸揚ヲ為サムトスル船舶ハ特許
ヲ受ケタルニ非サレハ第六区域ニ進行スルコトヲ得ス

5

No.

第十一條 貨物ノ積揚ヲ為サザル船舶又ハ貨物ノ積揚ヲ終リタル船舶ハ許可ナクシテ碇泊区以外ニ碇泊スヘカラス

第十二條 各船舶ハ海務局官吏ノ許可ヲ受ケタル後ニ非サレハ一切ノ交通ヲ為スコトヲ得ス

第十三條 各船舶ハ第一號書式ノ着港届ヲ臨検ノ海務局官吏ニ提出シタル後ニ非サレハ信號符字ヲ下スコトヲ得ス

第十四條 自由交通ノ許可ヲ受ケサル船舶ハ種類ノ如何ヲ問ハス船舶ヲ横付又ハ關取スルコトヲ得ス

第十五條 各船舶ハ港內ヲ運航スルニ當リ晝間ニ在リテハ其ノ國籍信號符字ヲ揭ケ夜間ニ在リテハ海上衝突豫防法ノ規定

6

No.

ニ依リ各種ノ船燈ヲ揭クヘシ

第十六條　第十七條ニ揭クル船舶ハ晝間ニ在リテハB旗夜間ニ在リテハ紅燈一箇ヲ前檣ノ頂上ニ揭クヘシ

前項ノ船舶ハ特許ヲ受クルニ非サレハ夜間運航スルコトヲ得ス

第十七條　港內ニ於テ曳船ヲ爲サムトスル船舶ハ曳船ノ艫ヨリ被曳船ノ船尾ニ至ルマテノ距離三百尺ヲ超ユヘカラス

第十八條　大連埠頭ニ繋留セムトスル船舶ノ外止ムヲ得サル場合アルニ非レハ防波堤ノ內方水路ヲ取ルヘカラス

第十九條　港內ニ於ケル碇泊及運航ニ關シテハ本令ニ定ムルモ

満—0022　B列5　20字×10　南滿洲鐵道株式會社

7

No.

ノノ外海上衛安豫防法ノ規定ニ據ル

第二十條　各船舶ハ繋留ノ為ニ設置セラレサル建造物ニ之ヲ繋留スルコトヲ得ス

第二十一條　碇泊船舶ハ晝間ニ在リテハ其ノ國旗及船主旗ヲ揭ケ夜間ニ在リテハ國規ノ碇泊燈ヲ揭クヘシ

第二十二條　各船舶ハ海務局官吏及警察官吏ノ臨檢ヲ拒ムコトヲ得ス

第二十三條　各船舶ハ海務局ノ指定シタル場所以外ニ於テ斃死屍体ノ類ヲ海中ニ投棄スヘカラス

第二十四條　各船舶ハ第一區第二區及第五區域ニ於テ灰燼塵芥

8

No.

汚物ノ類ヲ海中ニ投棄スヘカラス

第二十五條　海務局官吏ハ必要ト認ムルトキハ錨地ノ指定及其ノ変更ヲ命スルコトヲ得

第二十六條　貨物ノ積揚ヲ為ササル船舶ニシテ入港後二十四時間以内ニ出港セサルモノハ出入港ノ手續ヲ要セス

第二十七條　貨物ノ積揚ヲ為サムトスル船舶又ハ二十四時間以上港内ニ碇泊セムトスル船舶ハ入港後二十四時間以内ニ船舶国籍證書又ハ之ニ代ルヘキ證書前仕出港ノ出港許可證ヲ添ヘ海務局ニ提出スヘシ

前項ノ各證書ヲ提出シタル後ニ非サレハ荷役ヲ為スコトヲ得

9

No.

ス

第二十八條　船舶出港セムトスルトキハ第二號書式ノ出港届ヲ海務局ニ差出シ且P旗ヲ二十四時間以前ヨリ揚クヘシ

第二十九條　船舶ハ總テノ手續ヲ終リタルコトヲ證明スルニ非サレハ各證書ノ還付及出港許可證又ハ其ノ證明書ヲ受タルコトヲ得ス

第三十條　前條及第二十七條ノ規定ハ關東州沿岸ヲ航通スル船舶ニ之ヲ適用セス

第三十一條　入港後二十四時間以内ニ貨物ノ積揚ヲ終リテ直ニ出港スル船舶ハ船主又ハ其ノ代理者ニ於テ當該船舶ニ關スル

10

No.

一切ノ責任ノ保證ヲ提供スルトキハ特別ノ場合ヲ除クノ外其籍證書ヲ提出スルヲ要セス

第三十二條　出港許可證ヲ所有シタル船舶ハ何時ニテモ出港スルコトヲ得

第三十三條　海外ヨリ輸入シタル貨物ハ第一区及大連埠頭及第二区ノ埠頭若ハ同棧橋ノ外陸揚スルコトヲ得ス特種ノ貨物ニシテ柳樹屯ニ陸揚ヲ要スルモノハ特許ヲ受クヘシ

第三十四條　海外ニ輸出セラルル貨物ハ第二区埠頭並共同棧橋及第五区ヨリ之ヲ積出スヘシ

ヨ－0022　B列5　28字×10　南満洲鐵道株式會社　(15. 10. 7,500冊 一番館)

11 No.

第三十五條 大連港ニ於ケル荷足棄場ハ蹄牛破石又ハ香爐礁ノ
北面トス
第三十六條 各船舶ノ端艇ハ大連埠頭並共同棧橋及柳樹屯棧橋
ノ外上陸ノ為濫リニ他ノ地點ヲ使用スヘカラス
第三十七條 船舶失火ノ時ハ晝間ニ在リテハMMノ失火信號ヲ
揚ケ夜間ニ在リテハ號火榴彈火箭ノ類ヲ放チ且汽笛ヲ連吹シ
又ハ號鐘ヲ乱打シ號砲ヲ發スル等最モ適宜ノ處置ヲ為スヘシ
第三十八條 汽船失火ニ非サル危急ノ時ハ晝間ニ在リテハNC
ノ危急信號ヲ揚ケ夜間ニ在リテハ號火榴彈火箭ノ類又ハ油ピ
ッチ幕類等ヲ用キ最モ見易キ發火信號ヲ為シ且汽笛號鐘ヲ鳴ラ

12 No.

スヘシ
第三十九條　警察官吏ノ應援ヲ要スル危急ノ場合ニ在リテハ晝間ニ在リテハG旗ヲ揚ケ夜間ニ在リテハ號火ヲ發シ紅燈ヲ上下シ且汽笛號鐘ヲ以テ聲完連鳴スヘシ
第四十條　郵便物搭載ノ船舶ハ入港ノ時ヨリ郵便物陸揚ヲ終ルタル時マデ郵便旗ヲ揚ケヘシ
第四十一條　爆發物其ノ他容易ニ燃燒スヘキ危險物ハ海務局官吏ノ指定ノ地點以外ニ於テ濫リニ積揚スルコトヲ得ス
前項ノ物品ヲ積揚セムトスルトキハ豫メ海務局ノ許可ヲ受クヘシ但シ此ノ場合ニ在リテハ其ノ積揚取扱方ヲ監視スルコト

ヨ－0022　B列5　28字×10　南滿洲鐵道株式會社　(15. 18. 7.500冊 一事務局)

13

No.

アルヘン

第四十二條　前條ノ危險物トハ左ノ各種物品又ハ類似品トス

「ブラスチングゼラチン」、彈藥包、爆發管、「ダイナマイト」、烟火、導火管、「ゼリグナイト」「ナイトログリセリン」、火藥、棉火藥、無烟火藥、雷管ノ類（爆發物）

生石油（「ブルマ」油、「テネグーニ」油「ロシア」油ヲ包含ス）、石油、「ナフタ」、「テルペンタイン」、「エーテル」、「ベンゾール」、「ベンジン」、「アセトン」、酒精及硫化炭素ノ類

其ノ他華氏九十五度以下ノ温度ニ依リ發火スヘキ氣體ヲ發スルモノ（容易ニ燃焼スル危險物）

第四十三條　第一項、第二項ニ於テ曳網ヲ以テ漁業ヲ為サム

14

No.

トスル者ハ豫メ特許ヲ受クヘシ

第四十四條　港内ニ於ケル船舶カ風波其ノ他災害ノ為ニ避難セムトスル場合ニハ海務局ノ許可ヲ請ケスシテ適宜ノ錨地ニ就クコトヲ得

第四十五條　港内ニ於テ船舶ヲ休繋シ又ハ修繕セムトスルトキハ豫メ其ノ旨ヲ海務局ニ届出ツヘシ

第四十六條　海務局官吏ノ搭乗セル汽艇及端艇ニハ別図雛形ノ旗ヲ揚クヘシ

第四十七條　警報天気豫報其ノ他船舶ニ対スル信号ハ當分ノ内大連埠頭構内信号竿ニ之ヲ揚ク

ヲ－0022　B列5　28字×10　南滿洲鐵道株式會社　(15. 10. 7,500冊　一謄寫版)

15

No.

前項ノ外警報各天気豫報ノ公示ハ海務局前庭大連大山通警察官吏派出所前ニ掲ク

第四十八條　船舶カ浮標立標其ノ他官有造物ニ衝突シ之ヲ毀損若ハ滅失セシメタルトキハ其ノ修繕又ハ再設ノ為必要ナル費用ハ該船舶ノ船長ニ於テ辨償スヘシ

第四十九條　航路ノ妨害トナルヘキ難破物又ハ其ノ他ノ物件ハ海務局長ノ指定セル時間内ニ其ノ所有者ニ於テ之ヲ取除クヘシ取除ノ命ヲ受ケタル者其ノ指定時間内ニ其ノ義務ヲ履行セサルトキハ海務局長ハ第三者ヲシテ之ヲ取除カシメ又ハ破壊セシムルコトヲ得

ヲ－0022　B列5　28字×10　南滿洲鐵道株式會社　(15. 10. 1,500冊 一等備品)

16

No.

前項取締ニ要スル費用ハ義務者ヨリ之ヲ辨償スヘシ

第五十條 本令ニ違反シタルトキハ船長ヲ二百圓以下ノ罰金ニ處ス

前項ノ規定ハ船長ニ代リテ其ノ職務ヲ行フ者ニモ亦之ヲ適用ス

第五十一條 本令ニ依リ船長ニ科シタル罰金又ハ第四十八條第四十九條ノ費用ハ船長又ハ船舶所有者ニ於テ完納スルカ又ハ相當ノ擔保物ヲ提供スルニ非サレハ其ノ船舶ノ出港ヲ許サス

附則

本令ハ明治四十年十二月十日ヨリ之ヲ施行ス

117

No.

明治三十九年行令第七號港湾出入船舶取締規則ハ検疫ニ関スル規定ヲ除クノ外大連湾ニ出入ノ船舶ニ之ヲ適用セス

書式ノ別圖ハ之ヲ略ス

大連港桟橋使用規則

21328

(10)

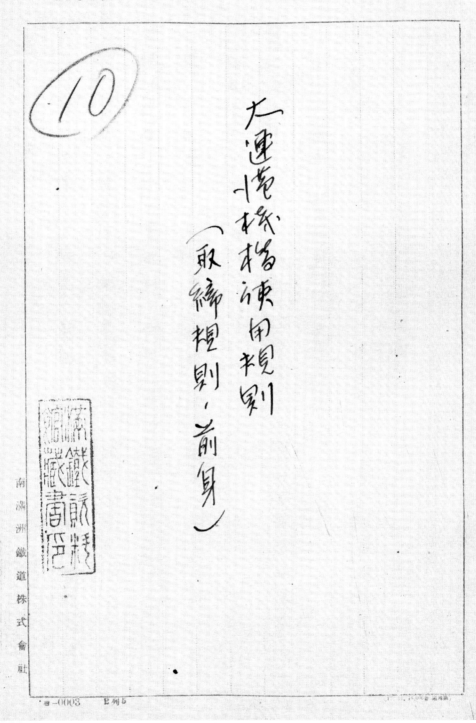

大連港棧橋使用規則

(取締規則ノ前身)

No.

取締規則ノ前身

大連港桟橋使用規則

第一条　大連港桟橋（東西桟橋及其中間）ニ繋船セントスルモノハ豫メ船主若クハ船長又ハ代理者ヨリ第一号書式ノ願書ヲ陸軍運輸部大連出張所ニ提出シ繋船免状ヲ受クヘシ

繋船免状ヲ受ケタル船舶ハ繋船後直ニ積荷目録及ビ旅客氏名ヲ同出張所ニ提出スヘシ

第二条　繋船免状ヲ受ケタル船舶ハ総噸数毎一噸ニ付毎一日銀五銭ノ割合ヲ以テ繋船料ヲ関東州民政署ニ納ムヘシ

第三条　免状ニ記載スル船舶繋留期間ヲ過ギ尚繋留セントスルトキハ第二号書式ノ願書ニ繋船免状ヲ添ヘ陸軍運輸部大連出

ヨー0022　B列5　28字×10　南満洲鐵道株式會社

2 No.

張所ニ差出シ更ニ免状ヲ受クヘシ
前項ノ免状ヲ受ケタルモノハ其超過一日毎ニ第二條ノ繋船料
倍額ヲ納ムヘシ
第四條　棧橋ニ繋留シタル船舶ニ人畜荷物ヲ積載シ又ハ之ヲ揚
陸セントスルトキハ船長、船主、荷主又ハ代理者ヨリ第三号
書式ノ願書ヲ陸軍運輸部大連出張所ニ提出シ免状ヲ受クヘシ
前項ノ免状ヲ受ケタルモノハ左ノ使用料ヲ民政署ニ納ムヘシ
旅客　一人　（手荷物共）銀五銭（満十才以下半額 満四才以下無料）
獸類　一頭　銀二十銭
重量物量目一噸　銀十銭

ヨ－0022　B列5　28字×10　南滿洲鐵道株式會社　(16, 6, 5,000冊 細川納)

3　No.

軽量物容一噸　銀十銭

鳥魚ノ類ハ容器ニ対シ容積ヲ以テス

第五條　繋船免状ヲ受ケタル船舶ハ陸軍運輸部大連出張所長指定ノ場所ニ繋留スベシ

陸軍運輸部大連出張所長ハ必要ニヨリ繋船免許ヲ取消スコトアルベシ

此場合ニ於テ繋船免許ノ時限ニ満タサルトキハ繋船料ヲ徴収セス

第六條　陸軍運輸部大連出張所長ハ必要ニヨリ繋留免許ヲ取消スコトアルベシ

ヨ－0022　B列5　28字×10　南満洲鐵道株式會社　(16.6.3,000冊)

No.

4

此場合ニ在テハ之ニ要スル時間ヲ除キ繋船料ヲ算ス
本條ノ荷物ハ速カニ之ヲ船積シ若クハ之ヲ桟橋外ニ運搬スヘシ如何ナル理由アルモ一日以上之ヲ残置スルコトヲ許サス
第七條　繋船用ノ浮船並ニ附屬物ハ陸軍運輸部大連出張所ニ於テ之レヲ供給ス但シ之ニ依テ損害ヲ生スルコトアルモ陸軍運輸部大連出張所ハ其責ニ任セス
第八條　船長若クハ船員ノ過失怠慢等ニヨリ桟橋及ビ附屬物ヲ毀損シタルトキハ船長若クハ船主之ヲ賠償スベシ
第九條　船舶ニ積載スベキ貨物若クハ揚陸シタル荷物ヲ一時桟橋ニ集積セントスルモノハ第四号書式ノ願書ヲ陸軍運輸部大

5 No.

連出張所ニ提出シ免状ヲ受クベシ但シ荷物集積期間ハ三日ヲ越ユルヲ得ズ

前項ノ免状ヲ受ケタルモノハ一平方坪ニ付毎一日銀一銭ヲ民政署ニ納ムベシ

第十條　倉庫及ビ上屋ヲ使用セントスルモノハ第五号書式ノ願書ヲ陸軍運輸部大連出張所ニ提出シ免状ヲ受クベシ

第十條　前條ノ免許ヲ受ケタルモノハ一平方坪ニ定期限ヲ過ギ尚ホ荷物ヲ蔵置セントスルモノハ第五号書式ニ準シ使用継續願ヲ陸軍運輸部大連出張所ニ提出シ更ニ免許ヲ受クヘシ此場合ニ於テハ使用料ハ第三條第二項ニ依ル

ヨ－0022　B列5　28字×10　南滿洲鐵道株式會社　(16. 4. 5,000冊 [illegible])

6 No.

第十二條 爆発物質若クハ高度燃焼質ノ物品（爆発物トハ「ブラスチング・ゼラチン」弾薬名 爆発管「ダイナマイト」煙火道火管「ゼリグナイト」「ナイドログリセリン」火薬、綿火薬、無煙火薬、雷管ノ類ヲ言ヒ高度燃焼質ノ物品トハ「ガルマ油」生石油石油「ナフタ」「ナフタリン」「ラングーン油」「ロック油」松精油ノ類其他華氏九十五度以上ノ熱度ヨリ発火スヘキ気体ヲ発スルモノヲ云フ）ヲ搭載スル船舶ハ桟橋ニ繋グコトヲ許サズ前項ノ物品並ニ石炭荷足其他他物ヲ汚染スヘキ荷物ハ倉庫若クハ上屋ニ藏置シ若クハ桟橋ヨリ揚陸船積スルコトヲ得ズ

第十三條 免許ヲ受ケタル期間ヲ過ギ尚ホ船舶又ハ荷物ノ處理ヲ為サザルトキハ陸軍運輸部大連出張所ハ船主ノ負擔ヲ以テ適宜之ヲ除去スルコトアルベシ但シ之ニ因テ損害ヲ生スルモ出張所ハ其責ニ任ゼズ

第十四條 桟橋上ニ於ケル作業ハ晝間ニ限ル但シ特別ノ事情アル

ヨ－0022 B列5 28字×10 南滿洲鐵道株式會社 （16. 6. 5,000冊 ）

7 No.

モノハ夜間ト雖モ之ヲ特許スルコトアルベシ

第十五條　陸軍運輸部大連出張所及ビ民政署ハ桟橋倉庫若クハ上屋ニ存置スル荷物ニ関シ相当ノ注意ヲ為スト雖モ其亡失損害ニ対シテハ一切其責ニ任ゼス

第十六條　此規則ニ規定セサル事項ニ付テハ総テ陸軍運輸部大連出張所若クハ民政署ノ命スル處ニ遵依スヘシ

附　則

第十七條　軍用ノ船舶若クハ此規則ヲ適用スルノ限リニアラズ

第十八條　此規則ニ関スル願書其他一切ノ書類ハ正副二通ヲ作リ民政署ヲ経テ之ヲ提出スベシ

8 No.

第十九條　此規則ニ於テ一日ト稱スルハ二十四時間ヲ謂ヒ二十四時間未滿及ビ一平方坪未滿ハ一日一噸及ビ一平方坪トシテ計算ス

書式省略

No.　タイプライター原稿用紙

9

のでゝ戦後給料の雰囲気と相俟つて我々はすべて小さくなつて仕事をしてゐたのであつた。

桟橋営業規程

創業創々のことであるから船舶、貨物、倉庫等に対する何等の取扱規程はなかつた。尤も初めは満鉄自体が直営したのではなかつたからでもある。創業前に陸軍で取扱つてゐた時の規則を其のまま踏襲したのである。此の規則を見ると、當時取扱の全貌を窺ふ事が出来る故に、默（観）の如くであるが全文を掲げよう。

大連港桟橋使用規則

第一條　大連港桟橋（東西桟橋）ニ繋船セントスル者ハ豫メ船主若クハ船長又ハ代理者ヨリ第一號書式ノ願書ヲ陸軍運輸部大連支部ニ提出シ繋船免状ヲ受クベシ

繋船免状ヲ受ケタル船舶ハ繋船後直ニ積荷目録及ビ乗客氏名ヲ同支部所ニ提出スベシ

第二條　繋船免状ヲ受ケタル船舶ハ總噸数毎一噸ニ付一日銀五錢ノ割

南滿洲鐵道株式會社

ヨ—0024　B列5　32×15　●分割打字ヲ要スル原稿ハ五、六頁乃至一〇頁ニテ區切ルコト　（15. 5. 8,000冊）

No.　タイプライター原稿用紙

合ヲ以テ繋船料ヲ関東州民政署ニ納ムヘシ

第三條　免状ニ記載スル船舶繋留期間ヲ過キ尚繋留セントスルトキハ第二號書式ノ願書ニ繋船免状ヲ添ヘ陸軍運輸部大連出張所ニ差出シ更ニ免状ヲ受クヘシ

前項ノ免状ヲ受ケタルモノハ其超過一日毎ニ第二條ノ繋船料倍額ヲ納ムヘシ

第四條　桟橋ニ繋留シタル船舶ニ人畜荷物ヲ積載シ又ハ之ヲ揚陸セントスルトキハ船長、船主、荷主又ハ代理者ヨリ第三號書式ノ願書ヲ陸軍運輸部大連出張所ニ差出シ免状ヲ受クヘシ

前項ノ免状ヲ受ケタルモノハ左ノ額其使用料ヲ民政署ニ納ムヘシ

旅客　一人　(手荷物共)銀五銭　(満十二才以下半額　満四才以下無料)

獣類　一頭　銀二十銭

重量物重量一噸　銀十銭

軽量物容積一噸　銀十銭

鳥禽ノ類ハ容器ニ対シ容積ヲ以テマ

ヨ－0024　B列5　32×15　●分割打字ヲ要スル原稿ハ五、六頁乃至一〇頁ニテ區切ルコト　(15. 5. 5,000册 ...)

南滿洲鐵道株式會社

No. タイプライター原稿用紙

此場合ニ在テハ之ニ要セル時間ヲ除キ繋船料ヲ徴セズ
本條ノ荷物ハ速カニ之ヲ船積シ若クハ之ヲ桟橋外ニ運搬スヘシ如何ナ
ル理由アルモ一日以上之ヲ残置スルコトヲ許サス
第五條 繋船免状ヲ与ヘタル船舶ハ陸軍運輸部大連出張所若ハ指定ノ場所
ニ繋留スベシ
陸軍運輸部大連出張所ハ必要ニヨリ繋船免許ヲ取消スコトアルベシ
此場合ニ於テハ繋船免許ノ時限ニ満タサルトキハ繋船料ヲ徴収セス
第七條 繋船用ノ浮船並ニ防舷物ハ陸軍運輸部大連出張所ニ於テ之ヲ
供給ス但シ之レニ依テ損害ヲ生スルコトアルモ陸軍運輸部大連出張所
ハ其責ニ任セズ
第八條 船長若クハ船主ノ過失怠慢ニヨリ桟橋及ヒ附属物ヲ毀損シタル
トキハ船長若クハ船主之ヲ賠償スベシ
第九條 船舶ニ積載スヘキ貨物若クハ揚陸シタル荷物ヲ一時桟橋ニ集積
セントスルモノハ第四號書式ノ願書ヲ陸軍運輸部大連出張所ニ提出
シ免状ヲ受クベシ但シ荷物ノ集積期間ハ三日ヲ越ユルヲ得ス
前項ノ免状ヲ受ケタルモノハ一平方坪ニ付毎一日金一銭ヲ民政署ニ納

南満洲鐵道株式會社

ヨ―0024 B列5 32×15 ●分割打字ヲ要スル原稿ハ五、六頁乃至一〇頁ニテ區切ルコト (15. 5. 5,000冊 [illegible])

12 No.　タイプライター原稿用紙

ムベシ

第十條　倉庫及ビ上屋ヲ使用セントスルモノハ第五號書式ノ願書ヲ陸軍運輸部大連出張所ニ提出シ其ノ許可ヲ受クヘシ

第十一條　前條ノ許可ヲ受ケタルモノハ一平方坪ニ定期限ヲ過ギ尚ホ荷物ヲ藏置セントスルモノハ第五號書式ニ準シ使用継續願ヲ陸軍運輸部大連出張所ニ提出シ其ノ許可ヲ受クヘシ此場合ニ於テハ使用料ハ第三條第二項ニ依ル

第十二條　爆發物若クハ高度燃焼性ノ物品（爆發物トハ「ブラスチング、ゼラチン」弾藥包、爆發管「ダイナマイト」煙火導火管（火薬ヲ含ム）「ダイナマイト」「コルダイト」「グリセリン」火薬、綿火薬、無煙火薬、雷管ノ類ヲ言ヒ、高度燃焼性物品トハ「ガソリン」揮發油、石油、「ナフタ」「アセチリン」「コプレッター」油、「ピッチ」油、松精油ノ類其他華氏九十五度以上ノ熱度ニヨリ發火スヘキ作用ヲ發スルニ至ルモノヲ云フ）ヲ搭載スル船舶ハ棧橋ニ繫ガストヲ許サズ前項ノ物品並ニ石炭若ハ其他似物ヲ滿載スヘキ荷物ハ倉庫若クハ上屋ニ藏置シ~~若~~若クハ棧橋ヨリ揚陸船積スルコトヲ得ズ

第十三條　免許ヲ受ケタル期間ヲ過ギ尚ホ船舶又ハ荷物ノ處理ヲ爲サザルトキハ陸軍運輸部大連出張所ハ船主ノ負擔ヲ以テ適宜之ヲ除去スルコトアルベシ但シ之レニ因テ損害ヲ生スルモ出張所ハ其責ニ任セズ

南滿洲鐵道株式會社

ヨ—0024　B列5　32×15　●分割打字ヲ要スル原稿ハ五、六頁乃至一〇頁ニテ區切ルコト　(15. 5. 8,000冊 [illegible])

第十四條　桟橋上ニ於ケル作業ハ晝間ニ限ル但シ特別ノ事情アルモノハ夜間ト雖モ之ヲ特許スルコトアルベシ

第十五條　陸軍運輸部大連出張所及ビ民政署ハ桟橋倉庫若クハ上屋ニ存置スル貨物ニ對シ相当ノ注意ヲ為スト雖モ其亡失損害ニ對シテハ一切其責ニ任セズ

第十六條　此規則ニ規定セザル事項ニ付テハ總テ陸軍運輸部大連出張所若クハ民政署ノ命スル處ニ遵依スヘシ

附　則

第十七條　軍用ノ船舶ニハ此規則ヲ適用スルノ限リニアラズ

第十八條　此規則ニ関スル願書其他一切ノ書類ハ正副二通ヲ作リ民政署ヲ経テ之ヲ提出スベシ

第十九條　此規則ニ於テ一日ト称スルハ二十四時間ヲ謂ヒ二十四時間未満及ビ一平方坪未満ハ一日一頃及ビ一平方坪トシテ計算ス

（書式省略）

規則中ノ陸軍運輸部大連出張所と民政署とあるのが、満鉄会社桟橋事と書いてあつただけであつた。此の規則書を読んで知る如く桟橋其他の施設を賃貸して、料金を徴収するといふのが主眼であるから極めて単純な遣方であつた。それで桟橋事務所の事務分掌は庶務係、貨物係、会計係で調査役以下二十名たらずで賄つてゐた。

船舶着離桟

桟橋の着離は總て船长の責任であることは申迄もない。当時日本船长の大部分は桟橋着離の経験には極めて乏しいことで桟橋といつても三十噸、五十噸でロックを積重ねたものであるから繋ぎ損ねれば船の方がメチヤメチヤに壊れる、それが恐ろしい。当時日本には横浜の税関桟橋と、神戸のメリケン桟橋位で、石の桟橋に船を着ける経験のない船长が多かつたので、着岸するにはかなり時間を要したものだ。何日頃であつたか覚えてゐないが、筆者が桟橋を巡回してゐた時、C岸に着岸する二千噸級の船があまり遠方に投錨してしまつたので着けず、錨を捲いて切り返し、再びやつたが此も駄目で三度目に漸く着けた。所要時間はなんと三時間たつぷりかかつた事を覚えてゐる。筆者は時々着岸船の、

大連埠頭貨物取扱規則

明治四十一年十月十五日

社則第七号

No. 21323

貨物取扱規則

明治四十一年一月十五日

改正

No.

大連埠頭貨物取扱規則

（明治四一年一〇月一五日　社則第七號）

第一條　當會社ノ埠頭ニ運致セラレ若ハ埠頭ヨリ發送セラルル貨物積卸及船内作業ハ總テ會社ニ於テ之ヲ取扱フモノトス

第二條　埠頭構内及埠頭繫留船舶内ニ於テ貨物ノ運搬改装其他ノ取扱ヲ為ス仲仕人夫ハ會社ノ使用人又ハ特ニ會社ノ認許シタルモノニ限ル

第三條　埠頭ニ於ケル貨物ノ料金ハ別表ニ依ル

第四條　船舶ヨリ陸揚セラレタル貨物ハ本船荷揚終了ノ日ヨリ四日以内ニ埠頭ヨリ引取ラルヘシ

ヨ－0022　B列5　28字×10　南満洲鐵道株式會社　(15. 10. 7,500冊 一善堂製)

第五條　埠頭ニ送致セラレタル貨物ハ其荷卸ノ日ヨリ十日以内ニ埠頭ヨリ引取ラルヘシ

第六條　前ニ條ノ期間内ニ貨物ヲ引取ラレサルトキハ會社ハ適宜ノ場所ニ之ヲ預リ置クヘシ但運搬其他ニ要シタル費用ハ荷送主及荷受主連帯ニテ負擔セラルヘシ

第七條　前條ノ預リ貨物ヲ引取ラントスルトキハ別表ノ貨物預リ料及諸掛ヲ納付セラルヘシ

第八條　埠頭ニ在ル貨物ニシテ其保管又ハ保存上會社カ必要ト認メタル場合ハ荷主ノ承諾ヲ得ス改装、置換等ノ處置ヲナスコトアルヘシ但其費用ハ荷送主及荷受主連帯ニテ負擔セラ

3 No.

ルヘシ

第九條　預リ貨物ノ性質上又ハ其他ノ事由ニ因リ會社カ必要ト認メタル場合ハ期間ヲ定メ引取方ノ催告ヲナスコトアルヘシ

但期間内ニ引取ラレサルトキハ會社ハ適宜之ヲ處分スルコトアルヘシ

第十條　會社ハ貨物ノ取扱及保管ニ付キ相當ノ注意ヲ施スト雖モ蟲害、鼠喰、火災、洪水、破損又ハ變質ニ因リテ生シタル損害ニ對シテ其責ニ任セス

荷造又ハ荷印ノ不完全ナルニ因リ又ハ貨物ノ性質上生シタル損害ニ付テモ亦同シ

ヨ—0022　B列5　28字×10　南滿洲鐵道株式會社　(15. 10. 7,500部 一套組製)

大連港則

明治四十三年十月二十六日

府令　第二十三号

No.

府令第五十三號

明治四十三年十月三十一日

②

大連港規則

ヲ－0022　B列5　28字×10　南滿洲鐵道株式會社　(15. 14. 7.000冊　一幸商會)

No.

大連港則

府令第三十三號

大連港則左ノ通定ム

明治四十三年十月二十六日 関東都督 子爵 大島義昌

大連港則

第一條 黄白嘴ノ外端ヨリ和尚島ノ東端東嘴子ニ至ル一線以西ノ水域ヲ大連港トス

第二條 港内ヲ分チテ左ノ三区トス

大連区 黄白嘴ノ外端ヨリ北長山ニ向テ引キタル一線ノ西南

水域

2 No.

柳樹屯区　前項一線ノ北長山南東岬ニ達シタル處ヨリ和尚島ノ東南外端ニ至ル一線以北ノ水域

旅泊区　大連柳樹屯両区ノ中間ノ水域

第三條．大連区及柳樹屯区ヲ分チテ左ノ六区トス

第一区　濱町以東及同桟橋ニアル綠燈ト同埠頭ニアル紅燈トヲ一直線ニ北方ニ引キタル一線以東ノ水域

第二区　臭水屯煙突ヨリ南六十八度東ニ引キタル一線以南ト第一区西界線以西ノ水域

第三区　第二区以北ノ水域

第四区　老龍頭ノ外端ヨリ棉花島角ニ向テ引キタル一線以西

ｺ—0022　B列5　28字×10　南滿洲鐵道株式會社　(15. 10. 7,500頁 [illegible])

3 No.

ノ水域

第五区 棉花島角ヨリ黄娘子角ニ向テ引キタル一線以北ノ水域

第六区 第四区第五区以外ノ水域

第四條 碇泊区ヲ船舶ノ自由泊地トシ第三区ヲ危険物荷役泊地トシ其ノ他ノ区域ヲ一般貨物荷役泊地トス

第五條 柳樹屯区ニ進航セムトスル船舶ハ豫メ海務局長ノ許可ヲ受クヘシ

第六條 船舶入港ノ場合ハ港外ヨリ泊地ニ就ク迄、出港ノ場合ハ泊地ヲ離ルルトキヨリ港外ニ出ヅル迄昼間ハ国旗及万国

4　No.

船信號ニ依リ船名ヲ表示シ夜間ハ所定ノ燈火ヲ揭ケヘシ港内
通航ノトキ亦同シ
第七條　入港船舶ハ碇泊区ニ假泊シ海務官吏ノ臨検ヲ受ケ第一
號書式ノ交通許可證ヲ受クルニ非サレハ陸地又ハ他船ト交通
シ船客船員ノ上陸物件ノ陸揚ヲ爲スコトヲ得ス但シ関東州沿
岸ノミヲ航行スル船舶ハ此ノ限リニ在ラス
第八條　總噸數一千噸以上ノ船舶ハ水先人ノ水路嚮導アルニ非
サレハ水先区ニ出入スルコトヲ得ス但シ海務局長ニ於テ必要
ナシト認ムル場合ハ此ノ限ニ在ラス
總噸數一千噸未滿ノ船舶ト雖モ海務局長ニ於テ必要ト認ムル

5

No.

トキハ前項ノ規定ニ依ラシムルコトヲ得
水先区ハ東防波堤ノ北端ヨリ北防波堤ノ東端及西端ヲ経テ濱
町埠頭ノ東端ニ至ル線以内ニ包含シタル水域トス
第九條 船舶ハ着港後二十四時間以内ニ船舶国籍証書若ハ之ニ代
ルヘキ証書及船員名簿ヲ添ヘ第二号書式ノ着港届ヲ海務局ニ
提出スヘシ
前項ニ依リ提出シタル船舶ノ書類ハ出港手続終ハル迄海務局ニ
保管スルモノトス
第十條 船舶ハ出港一時間前迄ニ第三号書式ノ出港届ヲ海務局
ニ提出シ第四号書式ノ出港許可証ヲ受クルニ非サレハ出港ス

6 No.

ルコトヲ得ス
前項ノ船舶ハ出港ノ二十四時間前ヨリ出帆旗ヲ前檣頭ニ揭クヘ
シ但シ支那形船舶及其ノ他ノ小廻船ハ此ノ限ニ非ス
第十一條 入港後二十四時間以内ニ出港セムトスル船舶及関東
州沿岸ノミヲ航行スル船舶ハ着港届ハ船長又ハ其ノ代理者
ヨリ保證状ヲ提出シ第九條ニ規定セル書類ニ代フルコトヲ得
第十二條 出港許可證ヲ受ケタル後二十四時間以上碇泊スル船
船ハ更ニ第九條及第十條ノ手續ヲ為スニ非サレハ出港スルコ
トヲ得ス但シ荷役ヲ為ササル場合ハ此ノ限ニ在ラス
第十三條 支那形船舶及小廻船ハ第五號書式ノ着港届及第六號書

*—0022 B列5 28字×10 南滿洲鐵道株式會社 (15. 10. 7.500冊 一審庶務)

7

No.

式ノ本港届ヲ海務局ニ提出シ第九條、第十條及第十一條ニ規定セル手續ニ代フルコトヲ得

第十四條 海務局ニ於テ指定シタル地點ノ外貨物ノ積卸ヲ為シ又ハ船客船員ノ上陸若ハ乗船ヲ為スコトヲ得ス

第十五條 埠頭ニ着發スル船舶ニ非サレハ北防波堤ト埠頭間ノ水道ヲ運航シ又ハ碇泊スルコトヲ得ス

但シ特ニ許可ヲ受ケタル者ハ此ノ限ニ在ラス

第十六條 海務局長ニ於テ必要ト認ムルトキハ船舶ノ泊地ヲ指定シ若ハ変更ヲ命シ又ハ船舶ノ運航ヲ停止スルコトヲ得

第十七條 左ノ各號ノ一ニ該當スル船舶ハ入港前ヨリ第一號書

ヲ－0022　B列5　28字×10　南滿洲鐵道株式會社　(15. 10. 7,500部 [illegible])

8 No.

式ノ交通許可證ヲ受クルマデハ検疫信號ヲ揭ゲ置クベシ

一 現ニ傳染病若ハ之ニ疑ハシキ患者又ハ死者アルモノ

二 航海中傳染病若ハ之ニ疑ハシキ患者又ハ死者アリタルモノ

三 傳染病流行地ヲ發シ又ハ其ノ地ヲ經テ來航シ若ハ傳染病毒ニ汚染シタル船舶ト交通シ其ノ他傳染病毒ニ汚染シタル疑アルモノ

検疫信號ハ晝間ハ船舶ノ前檣頭ニ黄旗ヲ揭ケ夜間ハ同所ニ紅白二燈ヲ上下ニ並揚スルモノトス

傳染病ト称スルハ虎列剌、痘瘡、猩紅熱、ペストヲ謂フ

9

No.

第十八條　入港後前條ノ傳染病及赤痢、腸窒扶私、パラ窒扶私、發疹窒扶私、實布垤利亜若ハ之ニ疑ハシキ患者ヲ發生シタルトキハ検疫信號ヲ揭ケ海務局官吏ノ指揮ヲ受ケ更ニ第一號書式ノ交通許可證ヲ受クルニ非サレハ陸地又ハ他船ト交通シ船客船員ノ上陸物件ノ陸揚ヲ為スコトヲ得ス入港後傳染病毒ニ汚染シ若ハ汚染ノ疑アル事實ヲ發見シタルトキ亦同シ

第十九條　海務局長ニ於テ必要ト認ムルトキハ船内ヲ臨検シ船員及船客ノ健康診斷ヲ施行スルコトヲ得

第二十條　牛羊及其ノ他ノ獸類又ハ其ノ屍體、生皮、皮革、毛、骨類及著港屆第二十二項ニ掲ケタル物件ヲ搭載セル船舶ニ對

10

No.

シ海務局長ニ於テ必要ト認ムルトキハ臨時ニテモ臨檢シ消毒
又ハ隔離其ノ他ノ處分ヲ爲スコトヲ得
第二十一條　海務局長ハ船舶ニ對シ左ノ處分ヲ爲スコトヲ得
一　現ニ傳染病患者若ハ死者アルモノハ停船ヲ命シ患者死者
ノ處分ヲ指示シ船舶其ノ他ノ物件ノ消毒方法若ハ鼠族ノ
驅除ヲ施行シ且必要アリト認ムルトキハ一定ノ期間船客
船員ヲ檢疫所又ハ船内ニ停留スルコト
二　航海中傳染病患者若ハ死者アリタルモノハ第一條ノ規定
ニ準シ處分スルコト
三　傳染病流行地ヲ發シ又ハ其ノ地ヲ經テ來航シ若ハ其ノ船

ヲ—0022　B列5　20字×10　南滿洲鐵道株式會社　(15.10.7.500冊 一番號)

No.

船ニ傳染病毒ノ汚染シタル疑アルモノハ必要アリト認ムルトキハ亦一類ノ規定ニ準シ處分スルコト

四 停船中傳染病患者ヲ發生シタルトキハ更ニ亦一類ノ規定ニ依リ處分スルコト

五 船舶航行中傳染病有病者アリタルトキハ亦一類ノ規定ニ準シ處分スルコト

六 必要ト認ムルトキハ消毒ノ爲指定ノ地點ニ廻航ヲ命スルコト

七 傳染病ノ疑アル患者アルトキハ之日ヨリ多カラサル期間停船ヲ命スルコト

ヨ—0022　B列5　28字×10　南滿洲鐵道株式會社　(15. 10. 7.500冊 [illegible])

12

No.

八、発航地若ハ寄航地ノ状況又ハ船舶ノ状態ニ依リ消毒方法又ハ鼠族ノ駆除ヲ省略スルコト

第一號ノ停船期間ハ消毒ノ終リヲ経タル時ヨリ起算シペストハ十日間虎列剌ハ五日間トス但シ第三號ノ場合ニ於テハ傳染病流行地ヲ発シ又ハ其ノ地ヲ経過シ若ハ傳染病毒ニ汚染シタリト疑フヘキ事実アリタル時ヨリ起算ス

第二十二條　船舶物件ノ消毒費、停留人ノ食費、患者死者ニ関スル費用ハ船長又ハ其ノ代理者ヨリ之ヲ徴收スヘシ

第二十三條　船舶ハ健全證書ノ交付ヲ海務局ニ申請スルコトヲ得

ヲ－0022　B列5　28字×10　南満洲鐵道株式會社　(15. 1?. 7.500冊 一審組織)

13 No.

前項ノ申請アリタルトキハ海務局長ハ其船舶ノ健康狀態ヲ檢
閲シ第七號書式ノ健全證書ヲ交付スヘシ
第七十四條　船舶ニシテ常用外ノ爆發物若ハ容易ニ燃燒スヘキ
物件ヲ搭載セルトキハ晝間ハ赤旗夜間ハ紅燈ヲ前檣又ハ見易
キ場所ニ揭ケ碇泊中ニ在テ海務局官吏ノ指揮ヲ受クヘシ但シ
特ニ許可ヲ受ケタルモノハ此ノ限ニ在ラス
前項ノ爆發物ト稱スルハ「プラスチングゼラチン」、彈藥包、爆
發管「ダイナマイト」煙火、導火管、「ゼリグナイト」、「ナイトログ
リセリン」火藥、綿火藥、無煙火藥、雷管ノ類ヲ謂ヒ容易ニ燃
燒スヘキ物件ト稱スルハ生石油（ロツク油ヲ包含ス）（ブルマ油ランゲーン油）石油、「ナイ

ヲ－0022　B列5　28字×10　南滿洲鐵道株式會社　(15. 10. 7.500冊　一番組織)

14　No.

ノ」、的列並涅油、依的児、偏蘇爾、石油偏陳、「アセトン」、酒精乃硫化炭素ノ類其ノ他華氏九十五度以下ノ熱度ニ因リ發火スヘキ氣体ヲ發スルモノヲ謂フ

船舶ニ備ヘ附タル大砲一門毎ニ火藥五十發分導火管類七十個小銃一挺毎ニ彈藥百發分雷管百五十個乃積載船舶相當量ノ信号用稲彈、火箭、烟管、移命焔具ニシテ適當ニ格納セラレタルモノヲ除クノ外爆發質ノ物件ハ總テ之ヲ專用ト看做ス

容易ニ燃燒スヘキ物件ハ船舶所用ノ目的ヲ證明シ得ルモノノ外總テ之ヲ專用ト看做ス

第二十五條　前條ニ規定セル爆發物若ハ容易ニ燃燒スヘキ物件

15　No.

ヲ積卸セムトスル船舶ハ其ノ品名数量ヲ海務局ニ届出テ特ニ
指定セラレタル場所ニ就キタル後ニ非サレハ之ヲ取扱フコト
ヲ得ス
前項ノ物件ヲ搭載セル船舶ハ在港中前條ニ規定セル赤旗又ハ
紅燈ヲ揭クヘシ
第二十六條　火気ヲ有スル汽艇又ハ端舟ニシテ赤旗又ハ紅燈ヲ
掲揚スル船舶ノ近傍ヲ運航スル場合ニハ安全ナル距離ヲ保チ
成ルヘク風下側ヲ運航スヘシ若シ止ムヲ得ス風上側ヲ運航スル
場合ニハ充分安全ナル距離ヲ保ツヘシ
第二十七條　港内ニ於テハ海務局長ノ許可ヲ受ケタルニ非サレハ

ヌ―0022　B列5　28字×10　南滿洲鐵道株式會社　(15. 18. 7,500冊)

16 No.

火器又ハ爆発物ノ発射発火ヲ為スコトヲ得ス

第二十八條　曳船ヲ為ス場合ハ海務局長ノ許可ヲ受クルトキ
ノ外左ノ制限ニ従フヘシ

一　端舟伝馬船ヲ曳クトキハ曳船ノ船尾ヨリ最後ノ被曳船ノ
後端ニ至ル迄ノ距離ハ六十間ヲ超ユヘカラス竹木筏其
ノ他ノ物件ヲ曳クトキハ亦同シ

二　端舟伝馬船ハ前號ノ距離ヲ超ヘサル限リ二隻ツツ並列シ
テ曳クコトヲ得

三　航洋船ヲ曳ク場合ハ一隻ヲ超ユヘカラス

第二十九條　碇泊中ノ船舶ハ其ノ後端ニ解舟、竹木其ノ他ノ物

17 No.

件ヲ繫留シ水路ノ妨害ヲ為スヘカラス

第三十條 港内ニ於テ多数ノ竹木、筏其ノ他ノ物件ヲ水上ニ卸サムトスルトキ又ハ繫留若ハ運航セムトスルトキハ海務局長ノ許可ヲ受クヘシ

前項ノ場合ニ於テ夜間ハ海上衝突豫防法第五條第十條乃至第十一條ノ規定ニ準シ燈火ヲ揭クヘシ

第三十一條 船舶ハ第一区第二区第三区第四区第五区ノ水域ニ於テハ棧橋又ハ浮標ニ繫留スル場合ヲ除クノ外雙錨ヲ投シテ碇泊スヘシ錨ニハ浮標ヲ附スヘカラス但シ海務局長ニ於テ雙錨泊ノ必要ナシト認ムルトキハ此ノ限ニ在ラス

第三十二条　汽艇、浮船、端舟、支那形船其ノ他ノ小廻船ハ航洋船ノ航路ヲ避クヘシ

第三十三条　第一区第二区及輻輳セル船舶ノ近傍ヲ航行スル船舶ハ針路ヲ保ツニ必要ナル速力ニ止ムヘシ

前項ノ船舶ハ絶テ追越ヲ為スヘカラス但シ汽艇其ノ他ノ小廻船ニシテ危険ノ虞ナキ場合ハ此ノ限ニ在ラス

第三十四条　港内ニ於ケル左記事項ニ関シテハ許可ヲ受クヘシ

一　海面ノ埋立及浚渫

二　防波堤、埠頭又ハ棧橋ノ築造又ハ変更

三　浮標立標其ノ他ノ航路標識ノ設置又ハ変更

満―0022　B列5　20字×10　南満洲鐵道株式會社　(15. 10. 7.500册 一等組織)

19 No.

四　下水吐出口其ノ他海面又ハ海底ニ於ケル工作物ノ新設又ハ変更

五　漁業、採藻又ハ生簀ノ施設

第三十五條　港内ニ於テ濫リニ水泳ヲ為スヘカラス但シ特ニ許可ヲ受ケタルモノハ此ノ限ニ在ラス

第三十六條　繋留ノ為設置シタル浮標其ノ他ノ営造物ノ外船舶其ノ他ノ物件ヲ繋留スルコトヲ得ス

第三十七條　浮標及標其ノ他ノ営造物ヲ毀損又ハ滅失セシメタルトキハ其ノ損害ハ船舶ニ在リテハ当該船長ヲシテ之ヲ辨償セシム

ヲ－0022　B列5　28字×10　南滿洲鐵道株式會社　(15.10.7,500冊　一番館)

20 No.

第三十八條　港内ノ海面及其ノ海岸並之ニ注入スル水流ニハ塵芥其ノ他ノ物件ヲ委棄スルコトヲ得ス但シ石炭其ノ他土砂ノ類ヲ放棄セムトスルトキハ海務局ノ指揮ヲ受クヘシ

船舶ニシテ塵芥、灰燼其ノ他ノ物件ヲ處分スル為解船ヲ要スルトキハ万国船舶信號ノ下旗又ハ籠ヲ揚クヘシ

前項解船ニ要スル費用ハ船長ノ負擔トス

第三十九條　石炭其ノ他海底ニ堆積スヘキ虞アル物件ヲ積卸スルトキハ之ヲ水中ニ墜落セサルコトニ注意スヘシ

第四十條　船舶ハ海務局官吏及警察官吏ノ臨檢ヲ拒ムコトヲ得ス

21　No.

第四十一條　在港中ノ船舶警察官吏ノ救援ヲ要スル場合ハ晝間ハ万国船舶信號ノG旗ヲ揭ケ夜間ハ藍火又ハ閃火ヲ示スヘシ

第四十二條　在港中ノ船舶火ヲ失シタルトキハ時鐘若ハ之ニ類似ノ振鳴器ヲ連打シ又ハ汽笛ヲ連吹シ晝間ハ万国船舶信號ノNM旗ヲ揭ケ夜間ハ號火　火箭等ヲ間斷ナク發火信號ヲ發シ且斷ヘス紅燈ヲ上下スヘシ船舶危急ノ場合ニ遭遇シ救助ヲ要スルトキ亦同シ但シ晝間ハ万国船舶信號ノNC旗ヲ揭クヘシ

第四十三條　海務局長ハ港内ニ於ケル船舶ニ危害ヲ及ホスノ虞アル難破物、委棄物其ノ他ノ物件ハ期間ヲ指定シ義務者ヲシテ

ヨ—0022　B列5　28字×10　南滿洲鐵道株式會社

22 No.

之ヲ取除カシメ又ハ破壊セシムルコトヲ得
前項ノ場合ニ於テ義務者其ノ義務ヲ履行セサルトキハ海務局長自ラ之ヲ執行シ又ハ第三者ヲシテ執行セシメ其ノ費用ハ義務者ヨリ之ヲ徴収スルコトヲ得
第四十四條　本令ニ違反シタル者ハ二百圓以下ノ罰金又ハ科料
ニ處ス
船舶ニ在リテハ前項ノ規定ハ船長又ハ船長ニ代ハリ其ノ職務ヲ行フ者ニ之ヲ適用ス
前項ニ依リ科シタル罰金又ハ科料ハ本令ニ據リ負擔スヘキ費用ヲ完納スルカ又ハ相当ノ擔保物ヲ提供スルニ非サレハ其ノ

ヲ－0022　B列5　20字×10　南滿洲鐵道株式會社　(15.12.7.500冊　一書館)

23 No.

船舶ノ出港ヲ許サス

第四十五條 第四條第八條第十五條第十六條第三十一條第三十三條第三十六條第三十八條第四十二條ノ規定ハ此ノ外国軍艦ニ之ヲ準用ス

第四十六條 外国軍艦ニシテ入港ノ際第十七條第一項各号ニ該当スル事実アルトキハ其ノ艦長又ハ艦医官ヨリ書面ヲ以テ海務局官吏ニ其ノ旨ヲ明告スヘシ

第四十七條 外国軍艦ニシテ入港ノ際第十七條第一項各号ニ該当スル事実アルトキハ検疫区ニ仮泊シ検疫信号ヲ掲クヘシ

入港後伝染病患者ヲ発生シタルトキ亦同シ

24 No.

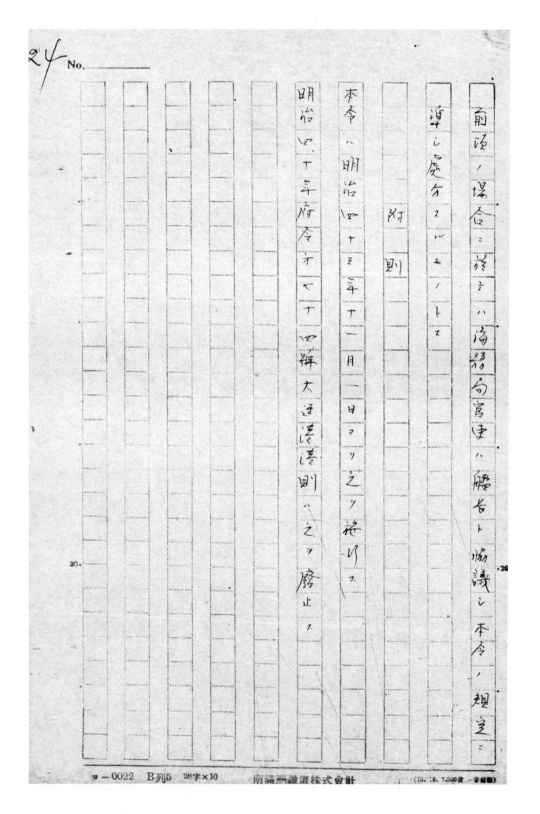

前項ノ場合ニ於テハ海務局官吏ハ驛長ト協議シ本令ノ規定ニ準シ處分スルモノトス

附則

本令ハ明治四十三年十一月一日ヨリ之ヲ施行ス

明治四十年府令第七十四號大連港港則ハ之ヲ廢止ス

ヨ－0022　B列5　28字×10　南滿洲鐵道株式會社　(15. 10. 7,500冊 一審編)

昭和六年六月十二日　告示第七十六号

大連港規則第三十一條第二項ノ規定ニ依ル

危險物ノ種類

No. 21321

大連埠頭規則第三十一條第二項ノ規定ニ依ル

危険物ノ種類

No.

大連港規則第三十一條第二項ノ規定ニ依ル

危険物ノ種類

昭和六年六月十二日告示第七十六號

大連港規則第三十一條第二項ノ規定ニ依ル危険物ノ種類左ノ通定メ昭和六年七月一日ヨリ之ヲ施行ス

第一類

火薬類（銃砲火薬取締規則第二條ニ規定スル火薬爆薬及火工品ヲ謂フ）

第二類

エーテル類、揮發油、石油エーテル、石油ナフサ、石油ベンジン

2 No.

ガソリン、マロヂオン、アセトン、硫化炭素、ソルベントナフタ類、ベンゾール類、ターペンタイン油類、トルオール油類キシロール類、メタノール類、エチールアルコール類、酢酸エステル類、原油類、石油類、軽油類、メタデイニトロベンゾール、黄燐類、塩素酸カリ類、塩素酸ソーダ類、塩素酸バリウム類、其ノ他塩素酸化合物、過塩素酸カリ類、過塩素酸ソーダ類、其ノ他過塩素酸塩類、硝酸アンモン類、過硫酸カリ類、過硫酸ソーダ類、其ノ他過硫酸化合物、コールタール軽油、過硫酸アンモン、其ノ他攝氏三十五度以下ノ熱度ニヨリ發火スベキ元件ヲ發スルモノ

3 No.

第三類

過酸化ソーダ類、過酸化バリウム類、其ノ他過酸化化合物類

圧縮瓦斯、液化瓦斯類、金属カリウム類、赤燐硫化燐、金属ナトリウム類、金属カルシウム類、曹達アマルガム類、加里アマルガム類

金属マグネシウム類、硝酸類、塩酸類、硫酸類、弗化水素水類

蓄電池及蓄電池用藥液、晒粉類、塩化燐、塩化硫黄、臭素類、

硝石類、生石灰類、カーバイド類、アルミニウムカーバイド類、油紙及其ノ製品類、油布及其ノ製品類、炭素紙及謄寫版原紙（発火ノ虞アルモノ）類、擬革紙及其ノ製品、擬革布及其ノ製品、擬ラール紙及其ノ製品、黄燐燐寸類、ゴム、セルロイド

4 No.

硫黄類、樟脳油類、樟脳及其ノ製品、綿花

タ—0022　B列5　20字×10　南滿洲鐵道株式會社　(15. 10. 7.500冊)

大連港規則

大正十四年四月二十四日 庁令第二十二号

改正 昭和六年第十六号 昭和八年第五十一号

昭和八年第六〇号 昭和九年第二十二号

昭和九年第三十四号 昭和十年第二十七号

No. 21320

(4)

大連港規則

(規則)

ロ－0022　B列5　28字×10　南滿洲鐵道株式會社　(15. 10. 5,500筆 一合册)

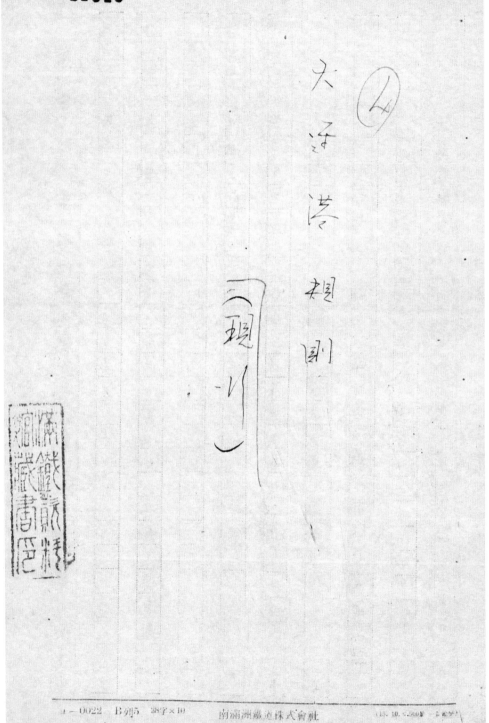

/

No.

大連港規則　大正十四年四月二十四日

廳令第二十二號

改正、昭和六年第一六號　昭和八年第五一號

昭和八年第六〇號　昭和九年第二二號

昭和九年第三四號　昭和十年第二七號

大連港規則左ノ通定ム

大連港規則

第一條　黄白嘴ヨリ東嘴子ニ至ル一線以内ノ水域ヲ大連港トス

第二條　港内ヲ分チテ左ノ八区トス

碇泊区　黄白嘴ヨリ北大山頂ニ至ル線ト同線ノ北大山南東岸

2 No.

ニ達シタル點ヨリ東嘴子ニ至ル線ト大連港境界線ト
ニ依リ圍マレタル水域

寺児溝区　黄白嘴ヨリ北大山頂ニ至ル線ト防波堤東入口両燈
台ヲ連結スル線トニ依リ圍マレタル水域

埠頭区　東防波堤、北防波堤及西防波堤ニ依リ圍マレタル水
域

露西亜町区　北防波堤北口紅燈台ヨリ周家屯紅嘴ニ至ル線ト
西防波堤トニ依リ圍マレタル水域

甘井子区　黄白嘴ヨリ北大山頂ニ至ル線以西ノ水域中寺児溝区
埠頭区及露西亜町区ヲ除キタル水域

3 No.

柳樹屯第一区　老龍頭ヨリ棉花島角ニ至ル線以西ノ水域
柳樹屯第二区　棉花島ヨリ紅娘子角ニ至ル線以北ノ水域
柳樹屯第三区　碇泊区ノ境界線以北ノ水域中柳樹屯第一区及
　　　　柳樹屯第二区ヲ除キタル水域
第三條　削除
第四條　船舶ノ碇泊所ヲ左ノ通定ム
一　寺児溝区　寺児溝第一桟橋及第二桟橋附近ヲ危険物搭載船
　　ノ碇泊所トス
二　防波堤東入口紅燈台ヨリ第十九條ニ定ムル甘井子航路ノ
三　浮標ニ至ル線、同燈台ヨリ南七十度東ノ線、寺児溝導

4 No.

燈ニ燈ヲ一直線ニ見ル線及第十九條ニ定ムル甘井子航路
第一浮標ト第三浮標トヲ一直線ニ~~見~~視ル線トニ圍マレタル
水域ヲ検疫ヲ受クヘキ船舶ノ碇泊所（以下検疫錨地ト稱ス）
トス
三　碇泊区中第十九條ニ定ムル大連航路甘井子航路及前號
検疫錨地ヲ除ク水域ヲ船舶ノ自由碇泊所トス
第五條　海務局長必要ト認ムルトキハ船舶ノ~~停止ヲ命スルコト~~碇泊所ヲ指定シ若
ハ變更ヲ命シ又ハ出航ノ停止ヲ命スルコトヲ得
第六條　港內ニ在ル船舶ハ海務局長ノ許可ヲ得ルニ非サレハ其
ノ碇泊所ヲ變更スルコトヲ~~得ルニ非サレハ其ノ碇泊所ヲ變更~~

ヨ—0022　B列5　28字×10　南滿洲鐵道株式會社　(15. 10. 7,500冊)

5 No.

ルコトヲ得ス但シ沈没災害其ノ他已ムヲ得サル場合ニ於テハ此ノ限ニ在ラス

前項但書ノ場合ニ於テハ遅滞ナク其ノ事由及碇泊所ヲ海務局長ニ届出ツヘシ

第七條　柳樹屯第一区、柳樹屯第二区及柳樹屯第三区ニ進航セムトスル船舶ハ豫メ海務局長ニ届出ツヘシ

第八條　船舶入港ノ場合ハ港外ヨリ碇泊所ニ就ク迄出港ノ場合ハ碇泊所ヲ離ルルトキヨリ港外ニ出ツル迄晝間ハ國旗及信号符字ヲ表示シ夜間ハ所定ノ燈火ヲ揭クヘシ港内運航ノトキ亦同シ

第九條　關東州外ヨリ入港スル船舶ハ檢疫錨地ニ假泊シ傳染病豫防ノ爲檢疫ヲ受クヘシ但シ檢疫錨地ニ於テ檢疫ヲ受ケ難キ場合ニ於テハ海務局長ノ指示シタル場所ニ於テ檢疫ヲ受クルコトヲ得

前項ノ船舶ハ入港前ヨリ檢疫信號ヲ揚クヘシ

檢疫信號ハ第十條ニ規定スル交通許可證ヲ受クル迄引卸スコトヲ得ス

檢疫信號ハ晝間ハ前檣頭又ハ見易キ場所ニ黃旗ヲ揭ケ夜間ハ同所ニ紅白ニ燈ヲ上下ニ連揭スルモノトス

定期郵便船又ハ特ニ緊急ヲ要スル船舶ニシテ夜間入港セムト

7 No.

スルトキハ成規ノ検疫信號ヲ揭ケルノ外汽笛長三聲ヲ發シ海務局官吏ノ臨検ヲ求ムヘシ

前項ノ船舶ハ豫メ船主又ハ代理店ヨリ其ノ旨海務局ニ届出ツヘシ

十十條 前條ノ船舶ハ海務局官吏ノ臨検ヲ受ケ左ノ書類ヲ提出シ別記第三號樣式ノ交通許可證ヲ受クルニ非サレハ陸地又ハ他船ト交通シ船客及船員ノ上陸物件ノ陸揚ヲ為スコトヲ得ス

一 着港届（別記第一號樣式）

二 船客名簿（別記第二號樣式）

ヨ—0022 B列5 28字×10 南滿洲鐵道株式會社

8　No.

三　船名簿、

四　船舶積荷目録

支那形船、帆船、發動機漕船其ノ他雜種船ニ在リテハ別記第七號様式、第八號様式及第九號様式ノ書類ヲ提出シテ前項ノ書類ニ代フルコトヲ得

第十一條　関東州沿岸ノミヲ航行スル船舶入港シタルトキハ直ニ別記第一號様式ノ着港届及第二號様式ノ船客名簿ヲ差出スヘシ但シ支那形船、發動機漕船其ノ他雜種船ニ在リテハ別記第七號様式、第八號様式及第九號様式ノ書類ヲ提出シテ前項ノ書類ニ代フルコトヲ得

ヨ－0022　B列5　28字×10　南滿洲鐵道株式會社　(15. 10. 7,500冊)

9 No.

前項ノ船舶左ノ各號ノ一ニ該当スルトキハ前二條ノ規定ヲ準用ス

一 現ニ傳染病者ハ其ノ疑アル患者又ハ死者アリタルモノ

二 航海中傳染病者ハ其ノ疑アル患者又ハ死者アリタルモノ

三 傳染病流行地ヲ發シ又ハ其ノ地ヲ經テ來航シ若ハ傳染病毒ニ汚染シタル船舶ト交通シ其ノ他傳染病毒ニ汚染シ若ハ汚染シタル疑アルモノ

第十二條 總噸數一千噸以上ノ船舶ハ水先人ノ水路嚮導アルニ非サレハ左ノ場所ニ着發スルコトヲ得ス但シ港務局長ニ於テ必要ナシト認ムルトキハ此ノ限ニ在ラス

10　No.

寺児溝ヨリ寺児溝各桟橋、埠頭ヨリ各埠頭、甘井子ヨリ甘井子各

埠頭

前項水路嚮導ノ区間ハ港内ニ於ケル船舶ノ錨地ト前項ニ掲ケル繋留所トノ間及繋留所相互間トス但シ本港ノ場合錨泊セサルトキハ繋留所ヨリ港外迄トス

海務局長必要ト認ムルトキハ總噸数一千噸未満ノ船舶ト雖前項ノ規定ニ依ラシムルコトヲ得

第十三條　水先人船舶ニ乗込ミタル場合ト雖船舶ノ指揮ハ船長ノ責任トス

第十四條　船舶入港シタルトキハ着港後二十四時間内ニ海務局

ヨ－0022　B列5　20字×10　南満洲鐵道株式會社　(15. 16. 7,500冊 一番館)

11　No.

一、船舶國籍證書又ハ之ニ代ルヘキ證書及最近發航地ノ出港免狀ヲ預ルヘシ但シ船客、貨物ノ積卸ヲ為サスシテ着港後二十四時間以内ニ出港スル場合ハ此ノ限ニ在ラス

前項ニ依リ預リタル書類ハ出港許可ト同時ニ還付ス

第十五條　船舶ハ左ノ書類ヲ提出シ別記第六號様式ノ出港許可證ヲ受クルニ非サレハ出港スルコトヲ得ス

一　出港届（別記第四號様式）

二　船客名簿（別記第五號様式）

三　輸出貨物目錄

支那形船、帆船、發動機漁船其ノ他雜種船ニ在リテハ別記第

ヨ－0022　B列5　28字×10　南満洲鐵道株式會社　(15. 10. 7.500冊 一審組織)

12 No.

十號様式乃至第十二號様式ノ書類ヲ提出シテ前項ノ書類ニ代フルコトヲ得

船舶ハ出港十二時間前ヨリ出帆旗ヲ前檣頭ニ揭ク可シ但シ汽船、帆船、發動機漁船其ノ他雑種船ハ此ノ限ニ在ラス

第十六條　出港許可證ヲ受ケタル後二十四時間以上碇泊スル船舶ハ更ニ前條ノ手續ヲ為スニ非サレハ出港スルコトヲ得ス但シ荷役ヲ為ササル場合ハ此ノ限ニ在ラス

第十七條　出港シタル船舶難破、遭難其ノ他ノ事故ノ為出港後十二時間内ニ歸航シタルトキハ其ノ事由ヲ記載シタル届書ヲ海務局ニ提出シ第十條又ハ第十八條ノ規定ニ依ル書類ニ代フ

ヨ—0022　B列5　28字×10　南滿洲鐵道株式會社　(15.10.7,500册 一審印刷)

13

No.

ルコトヲ得

第十八條 左ニ掲クル以外ノ場所ニ於テ貨物ノ積卸又ハ船客及船員ノ上陸若ハ乗船ヲ為スコトヲ得ス但シ海務局長ノ許可ヲ受ケタルトキハ此ノ限ニ在ラス

一 寺児溝ヨリ寺児溝各棧橋及其ノ附近

二 埠頭ヨリ各埠頭

三 露西亜町ヨリ沿岸

四 甘井子ヨリ甘井子各埠頭

五 柳樹屯第二ヨリ沿岸

危険物ハ寺児溝ヨリ寺児溝第一棧橋、第二棧橋及甘井子ヨリ甘井

日－0022　B列5　28字×10　南滿洲鐵道株式會社　(15. 10. 7,500冊)

14　No.

子石油埠頭並其ノ附近以外ノ場所ニ於テ積卸ヲ為スコトヲ得

ス但シ海務局長ノ許可ヲ受ケタルトキハ此ノ限ニ在ラス

第十九條　船舶ノ航路ヲ左ノ通定ム

大連航路　防波堤東入口西燈台ヨリ南七十度東二海里及北八

十度西四鏈ニ達スル連結線内

甘井子航路　甘井子防波堤燈台ヨリ第四浮標ヲ通シ第二浮標

ニ至ル線ト第五浮標ヨリ第三浮標ヲ通シ第一浮標ニ至ル線内

第二十條　入港船埠頭ヨリ又ハ甘井子各埠頭ニ通航セムトスル

トキハ大連航路ニ在リテハ防波堤外ノ航路外ニ甘井子航路ニ

在リテハ其ノ航路以外ニ木造船ノ航路ヲ避クヘシ

ヨ―0022　B列5　28字×10　南満洲鐵道株式會社

15 No.

船舶ハ前條ノ航路ニ投錨シ又ハ艀船ヲ放チ其ノ他航路ノ妨害ヲ為スヘカラス

帆船ハ前條ノ航路ニ於テ縫航スヘカラス

第二十條ノ二 入港船舶ハ大連市ニ埠頭第一信號所及甘井子埠頭第二信號所ヨリ特定信號ヲ以テ指定スル繫留所又ハ碇泊所ニ非サレハ繫留又ハ碇泊スルコトヲ得ス

前項ノ特定信號ハ別ニ之ヲ告示ス

第二十一條 船舶埠頭區内ニ進航シ又ハ投錨セムトスルトキハ海務局長ノ指示ニ從フヘシ

埠頭區内ニ出入スル帆船ハ防波堤北口又ハ西口ニ由ルヘシ但

16　No.

シ特別ノ事情アル場合ニ於テハ海務局長ノ許可ヲ受ケ防波堤入口ニ由ルコトヲ得

第二十二條　船舶ハ埠頭又ハ棧橋ニ着發スル場合ヲ除クノ外其ノ周囲六百尺以内ニ停留スヘカラス

第二十三條　船舶防波堤ノ入口ヲ通過セムトスルトキハ錨ヲ捲揚ケ海底電線ニ對スル危害ヲ豫防スヘシ

第二十四條　本令ニ於テ傳染病ト稱スルハ「コレラ」、痘瘡、猩紅熱、「ペスト」、黄熱、發疹「チフス」ヲ謂フ

傳染病病源体保有者ハ本令ノ適用ニ付テハ之ヲ傳染病患者ト看做ス

17

No.

第二十五條　航海中ノ船舶傳染病、赤痢、腸チフス、「パラチフス」、「ジフテリア」流行性腦脊髓膜炎若ハ是ノ疑アル患者發生シタルトキハ檢疫信號ヲ揭ケ海務局官吏ノ指揮ヲ受ケ更ニ別記第三號樣式ノ交通許可證ヲ受ケタルニ非サレハ陸地又ハ他船ト交通シ船客ハ船員ノ上陸及物件ノ陸揚ヲ為スコトヲ得ス

前項ノ病毒ニ汚染シ若ハ汚染ノ疑アル事實ヲ發見シタルトキ亦同シ

第二十六條　海務局長必要ト認ムルトキハ船舶ニ臨檢シ船客ノ船員ノ健康診斷ヲ行フコトヲ得

18 No.

第二十七條 海務局長ハ羊其ノ他ノ獸類又ハ其ノ屍體、肉、皮、毛骨類等ヲ搭載セル船舶ニ就キ検疫シ家畜傳染病豫防上必要ト認ムルトキハ左ノ處分ヲ為スコトヲ得

一 船舶ノ消毒ヲ為スコト

二 家畜又ハ其ノ屍体、肉、皮、毛骨類ニ対シテハ隔離、撲殺、消毒等ノ處分ヲ為スコト

前項ノ船舶入港シタルトキハ海務局官吏ノ検疫ヲ経ル迄国際信號ニ依リ第三代表旗ノ下ニI旗ヲ掲揚スヘシ

第二十八條 海務局長ハ船舶又ハ物件ニ対シ左ノ處分ヲ為スコトヲ得

ヨ－0022 B列5 28字×10 南滿洲鐵道株式會社 (15. 10. 7.500冊 一書籍館)

19 No.

現ニ傳染病患者アルトキハ停船ヲ命シ患者、死者又ハ物件ノ處分ヲ指示シ船舶其ノ他ノ消毒方法若ハ鼠族、昆蟲等ノ駆除ヲ施行シ其他必要ト認ムルトキハ一定ノ期間船客、船員ヲ検疫所又ハ船内ニ停留スルコト

二 航海中傳染病患者アリタルトキハ第一号ノ規定ニ準シテ處分スルコト

三 傳染病流行地ヲ発シ又ハ其ノ地ヲ経テ来航シ其ノ他傳染ニ病毒ニ汚染シ若ハ汚染シタル疑アルモノハ必要ト認ムルトキハ第一号ノ規定ニ準シテ處分スルコト

四 停船中傳染病患者若ハ死者又ハ傳染病毒ニ汚染シ若ハ汚

20 No.

染シタル疑アルコトヲ発見シタルトキハ更ニ第一類ノ規定ニ準シテ処分スルコト

五　伝染病ノ疑アル患者アルトキハ二日ヨリ多カラサル期間停留ヲ命スルコト

六　発航地若ハ寄航地ノ状況又ハ船舶ノ状態若ハ船長ノ請求ニ依リ消毒方法又ハ鼠族、昆虫等ノ駆除ヲ施行シ若ハ伝染病病源体保有者ノ検索ヲ為スコト

七　前記第一類様式第二十一号ニ掲クル物件ニ対シテハ消毒焼棄其ノ他ノ処分ヲ為スコト

八　必要ト認ムルトキハ消毒ノ為所定ノ場所ニ回航セシムル

ヨ－0022　B列5　28字×10　南満洲鉄道株式会社　(15. 10. 7.500冊 一着鋼版)

21 No.

コト

前項第一號ノ停船期間ハ消毒方法又ハ鼠族、昆蟲等ノ驅除ノ施行ヲ了リタル時ヨリ起算シ「ペスト」ハ十日以内「コレラ」黄熱ハ五日以内トス但シ前項第二號ノ場合ニ於テハ傳染病流行地ヲ發シ又ハ其ノ地ヲ經過シ若ハ傳染病毒ニ汚染シタリト疑フヘキ事實アリタル時ヨリ起算ス

第二十八條ノ二　船舶左ノ各號ノ一ニ該當スルトキハ船長又ハ船長ノ職務ヲ行フ者ヨリ海務局長ニ申告シ鼠族昆蟲等ノ驅除ヲ受クヘシ海務局長ハ積荷ノ種類其ノ他船舶ノ状況ニ依リ之ヲ免除スルコトヲ得

22　No.

一、傳染病流行地ヲ發シ又ハ其ノ地ヲ經テ來航シタルトキ但
シ其ノ後ノ寄航地ニ於テ鼠族、昆蟲等ノ驅除ヲ施行シ其
ノ證明書ヲ所持スル船舶ヲ除ク
二、関東州外ヨリ來航シタル船舶ニシテ鼠族、昆蟲等ノ驅除
ヲ施行シテヨリ六月ヲ經過シタルトキ
第十一條第二項第三號、前條第一項第三號及前項第一號ノ規
傳染病流行地ハ別ニ之ヲ告示ス
第二十九條　船舶物件ノ消毒費、鼠族、昆蟲等ノ驅除費、停
留人ノ食費、患者死者ニ関スル費用及船舶停留間檢疫乘務員
ハ船長又ハ船長ノ職務ヲ行フ者ヨリ之ヲ徴収ス

ヨ—0022　B列5　28字×10　南満洲鐵道株式會社　(15. 10. 7.500冊 一番印刷)

23

No.

第三十條 船舶ハ健全證書ノ交付ヲ海務局長ニ申請スルコトヲ得

前項ノ申請アリタルトキハ海務局長ハ其ノ船舶ノ健康状態ヲ檢閲シ別記第十三號様式ノ健全證書ヲ交付スヘシ

第三十一條 軍用外ノ危険物ヲ搭載シ入港スル船舶ハ晝間ハ赤旗、夜間ハ紅燈一箇ヲ前檣頭又ハ見易キ場所ニ揭ケ投泊又ニ在リテハ海務局官吏ノ指揮ヲ俟ツヘシ

危険物ノ種類ハ別ニ之ヲ告示ス

第三十二條 削除

第三十三條 危険物ニシテ船舶備付ノ大砲一門毎ニ火薬五十磅

ヨ－0022 B列5 28字×10 南滿洲鐵道株式會社 (15. 10. 7.500冊 一督備緣)

24 No.

分門管又ハ爆管七十箇、小銃一挺分ニ実包又ハ空包百発分雷管百五十箇及信號用燭弾、火箭、焔管、救命焔業ニシテ適當ニ格納シ且船舶ノ所用品タルコトヲ證シ得ルモノヲ除クノ外總テ之ヲ常用外ト看做ス

第三十四條　常用外ノ危険物ヲ積卸セムトスル船舶ハ其ノ品名数量ヲ海務局長ニ届出テ所定ノ場所ニ於テ積卸ヲ為スヘシ

第三十五條　火気ヲ有スル汽艇又ハ端船ニシテ赤旗又ハ紅燈一箇ヲ掲クル船舶ノ近傍ヲ通航スルトキハ安全ナル距離ヲ保チ成ルヘク風下側ヲ通航スヘシ風上側ヲ通航スルノ已ムヲ得サル場合ニ於テハ十分安全ナル距離ヲ保ツヘシ

ヨ—0022　B列5　28字×10　南滿洲鐵道株式會社　(15. 10. 7.500冊)

25 No.

第三十六條　海務局長ノ許可ヲ受クルニ非サレハ港内ニ於テ火器又ハ爆發物ノ發射發火ヲ為スコトヲ得ス

第三十七條　船舶港内ニ於テ曳船ヲ為シ又ハ竹木、筏其ノ他ノ物件ヲ曳クトキハ海務局長ノ許可ヲ受ケタル場合ヲ除クノ外左ノ制限ニ從フヘシ

一　曳船ノ船尾ヨリ解船、端船、竹木、筏其ノ他ノ物件ノ後端ニ至ルマテノ距離ハ六十間ヲ超ユヘカラス

二　解船及端船ハ前號ノ距離ヲ超エサル限リ二隻並列シテ曳クコトヲ得

三　解船及端船以外ノ船ヲ曳ク場合ハ一隻ヲ超ユヘカラス

26 No.

第三十八條　碇泊中ノ船舶ハ其ノ舷端ニ艀船、端船、竹木其ノ他ノ物件ヲ繫留シ水路ノ妨害ヲ為スヘカラス

第三十九條　港内ニ於テ多數ノ竹木、材其ノ他ノ物件ヲ水上ニ卸サムトスルトキ又ハ繫留若ハ浮流セムトスルトキハ海務局長ノ許可ヲ受クヘシ

第四十條　船舶港内ニ碇泊スルトキハ棧橋又ハ浮標ニ繫留スル場合ヲ除クノ外雙錨泊ヲ為スヘシ但シ海務局長ニ於テ必要ナシト認ムルトキハ此ノ限ニ在ラス

第四十一條　港内ニ碇泊スル船舶ハ錨ニ浮標ヲ附スヘカラス

第四十二條　港内ニ於テ汽艇、發動機艇、艀船、端船、支那船

ヨ－0022　B列5　28字×10　南滿洲鐵道株式會社　(15. 10. 7,500冊 [illegible])

27 No.

船其ノ他櫓櫂ヲ以テ運航スル船舶ハ他船ノ航路ヲ避クヘシ
第四十三條　前條ノ船舶ニシテ埠頭、桟橋、防波堤ノ突端又ハ繋留船ノ一端ヲ回航スル場合ニ於テハ之ヲ右ニ見テ航行スルトキハ小廻リ左ニ見テ航行スルトキハ大廻リヲ為スヘシ
第四十四條　船舶港内ヲ航行スルトキハ針路ヲ保ツニ必要ナル速力ニ止ムヘシ
港内ニ於テ船舶並列シテ航行シ又ハ航路及埠頭附近ニ於テ他船ノ前路ヲ横切リ又ハ追越スヘカラス但シ端艇其ノ他小廻船ニシテ危険ノ虞ナキ場合ハ此ノ限ニ在ラス
第四十五條　港内ニ於テハ左ノ事項ハ関東長官ノ許可ヲ受クヘ

28 No.

シ

一　浮標、立標其他航路標識ノ設置又ハ変更

二　棧橋ノ架設又ハ変更

第四十六條　港内ニ於ケル左ノ事項ハ港務局長ノ許可ヲ受クヘ

シ．

一　海面又ハ海底ニ於ケル工作物ノ設置又ハ変更

二　船舶航行ノ為ノ一切ノ作業

三　浮漂物ノ自家用捕介採藻

第四十七條　港務局長ノ許可ヲ受クルニ非サレハ港内ニ於テ水

泳シ為スコトヲ得ス

ヨ－0022　B列5　20字×10　南滿洲鐵道株式會社　(15.10.7,500冊)

第四十八條　繫留ノ為設置シタル浮標其ノ他ノ営造物ニ非サルモノニ船舶其ノ他ノ物件ヲ繫留スヘカラス

第四十九條　船舶カ浮標、立標其ノ他ノ営造物ヲ毀損シタルトキハ其ノ修繕費ハ同船ノ費用ハ船長又ハ船長ノ職務ヲ行フ者之ヲ賠償スヘシ

第五十條　港内及其ノ海岸並之ニ流入スル水流ニハ塵芥、灰燼油類其ノ他ノ物件ヲ委棄スヘカラス

荷足其ノ他土砂ノ類ヲ投棄セムトスルトキハ海務局長ノ指揮ヲ受クヘシ

船舶ニシテ塵芥、灰燼其ノ他ノ物件ヲ處分スル為艀船ヲ要ス

ルトキハ国際信号旗下又ハ燈ヲ掲クヘシ
前項船舶ニ要スル費用ハ船長又ハ船長ノ職務ヲ行フ者ノ負擔
トス
第五十一條 港内ニ於テ石炭其ノ他海底ニ堆積スル虞アル物件
ヲ積卸セムトスル者ハ水中ニ脱落スルコトヲ豫防スル為必要
ナル措置ヲ為スヘシ
第五十一條ノ二 船舶港内ニ於テ左ノ各号ノ一ニ該当スルトキ
ハ遅滞ナク其ノ旨ヲ海務局長ニ届出ツヘシ
一 衝突、坐礁其ノ他ノ海難ニ遭遇シタルトキ
二 錨鎖又ハ錨其ノ他海底ニ堆積スル虞アル物件ヲ紛失又ハ

91　No.

棄シタルトキ

第五十二條　船舶ハ海務局官吏及警察官吏ノ臨検ヲ拒ムコトヲ得ス

臨検官吏ノ要求アルトキハ船長其ノ他ノ乗組員ハ之ニ應シ必要ノ便宜ヲ與フヘシ

第五十三條　在港中ノ船舶警察官吏ノ救援ヲ要スルトキハ晝間ハ萬國信號ＳＴヲ掲ケ夜間ハ發火又ハ閃火ヲ示スヘシ

第五十四條　在港中ノ船舶火ヲ失シタルトキハ晴鐘若ハ之ニ類似ノ振鳴器ヲ打シ又ハ汽笛ヲ吹シ晝間ハ萬國信號ＮＱヲ掲ケ夜間ハ發火、火箭等ヲ用キテ見易キ發火信號ヲ爲シ且断エ

ヨ—0022　B列5　28字×10　南滿洲鐵道株式會社　(15. 10. 7,500冊 [illegible])

ス紅燈ヲ上下スヘシ船舶危急ノ場合ニ遭遇シ救助ヲ要スルトキハ同シ但シ晝間ハ國際信號NCヲ揚クヘシ

第五十五條　海務局長ハ港内ニ於ケ船舶ニ危害ヲ及ホスノ虞アル難破物、遺棄物其ノ他ノ物件ハ期間ヲ定メ義務者ヲシテ之ヲ取除カシメ又ハ破壊セシムルコトヲ得

前項ノ場合ニ於テ義務者其ノ義務ヲ履行セサルトキハ海務局長自ラ之ヲ執行シ又ハ第三者ヲシテ執行セシメ其ノ費用ハ義務者ヨリ之ヲ徴収ス

第五十六條　艀船其ノ他船舶ニ等シキ形体ヲ有スル工作物ニハ本令中船舶ニ関スル規定ヲ準用ス

33 No.

第五十七條 海務局長ハ左ノ各号ノ一ニ該当スル船舶ニシテ航海中特ニ危険ヲ惹起スルノ虞アリト認ムルトキハ一時其ノ出港ヲ差止ムルコトヲ得

一 満載吃水線ノ標示ヲ有スル船舶ニシテ制限吃水ヲ超エテ貨物ヲ搭載シタルトキ

二 満載吃水線ノ標示ヲ有セザルモ貨物ヲ過載シタルトキ

三 貨物積載ガ不完全ニシテ傾斜甚シキトキ

四 航海ニ適セザル事故アリタルトキ

第五十八條 港内ニ於テ倉庫船ノ浮体繋又ハ修繕セムトスル船舶ハ海務局長ニ届出テ碇泊所ノ指定ヲ受クヘシ

34

No.

第五十九條　解船、端船、支那形船ハ夜間港内ヲ航行スルトキハ船上見易キ所ニ白燈ヲ揭クヘシ

第六十條　港内ニ於テ特設信號ヲ用ヰムトスル者ハ海務局長ノ許可ヲ受クヘシ

第六十一條　船舶ハ海上衝突豫防法ノ規定其ノ他法令ニ規定アル場合ヲ除クノ外濫ニ汽笛若ハ汽角ヲ吹鳴スルコトヲ得ス

第六十二條　船舶ノ艤装、休繫又ハ修繕ノ場合ニ於テ必要ト認ムルトキハ海務局長ハ相当船員ノ乗組ヲ命スルコトヲ得

第六十三條　本令ニ規定スル方位ハ總テ眞方位トス

第六十四條　本令又ハ本令ニ基ク處分ニ違反シタル者ハ二百圓以下ノ罰金又ハ科料ニ處ス

75　No.

第六十五條　本令又ハ本令ニ基ク處分中船舶ニ係ルモノニ付テハ船長又ハ船長ノ職務ヲ行フ者其ノ責ニ任ス

船長又ハ船長ノ職務ヲ行フ者ハ其ノ船舶ノ乗組員カ本令ニ違反シタル場合ニ於テ自己ノ指揮ニ出テサルノ故ヲ以テ其ノ責ヲ免ルルコトヲ得ス

第六十六條　罰金、科料又ハ本令ニ依リ負擔スヘキ費用ヲ完納スルカ若ハ相當ノ擔保物ヲ提供スルニ非サレハ其ノ船舶ノ出港ヲ許サス

第六十七條　本令中第四條乃至第七條、第十七條、第二十條乃至第二十二條、第四十條、第四十一條、第四十四條及第五十條

ヨ－0022　B列5　28字×10　南滿洲鐵道株式會社　(15. 10. 7.500冊 一番編纂)

36 No.

ヲ除クノ外ハ外国軍艦ニ之ヲ適用セス

第六十八條　外国軍艦ニシテ入港ノ際第十一條第二項各號ニ該当スル事実ナキトキハ其ノ艦長又ハ軍醫官ヨリ書面ヲ以テ海務局官吏ニ其ノ旨通告スヘシ

第六十九條　外国軍艦ニシテ入港ノ際第十一條第二項各號ノ一ニ該当スル事実アルトキハ防疫錨地ニ假泊シ検疫信號ヲ揭クヘシ入港後傳染病患者発生シタルトキ亦同シ

前項ノ場合ニ於テ海務局官吏ハ艦長ト協議シ本令ノ規定ニ準シテ處分スヘシ

附則

ヨ－0022　B列5　28字×10　南滿洲鐵道株式會社　(15. 10. 7.500冊)

37 No.

本令ハ大正十四年六月一日ヨリ之ヲ施行ス

大連港則ハ之ヲ廃止ス

。昭和八年廳令第六十号附則

本令ハ昭和九年一月一日ヨリ之ヲ施行ス

明治四十四年関東都督府告示第七十五号ハ之ヲ廃止ス

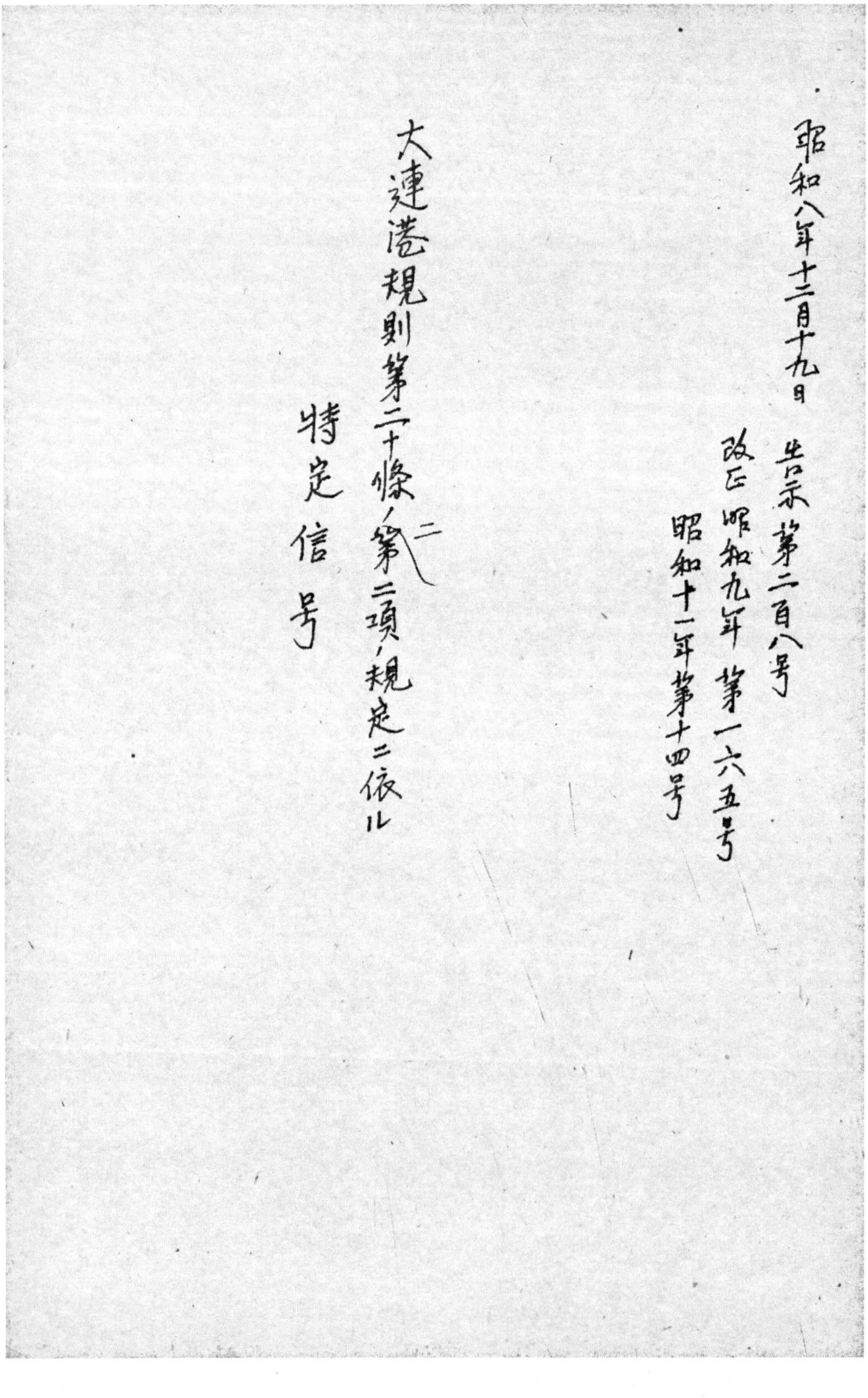

昭和八年十二月十九日　告示第二百八号

改正　昭和九年第一六五号

昭和十一年第十四号

大連港規則第二十條ノ二第二項ノ規定ニ依ル

特定信号

No. 21322

大連港規則第二十條ノ二第二項ノ規定ニ依ル特定信號

0022　B列5　28字×10　南滿洲鐵道株式會社

No.

大連港規則第二十條ノ二第二項ノ規定

ニ依ル特定信號

昭和八年十二月十九日告示第二百八號

改正　昭和九年　第一六五號

昭和一一年　第一四號

大連港規則第二十條ノ二第二項ノ規定ニ依ル特定信號左ノ通定

メ昭和九年一月一日ヨリ之ヲ施行ス。

昭和六年関東廳告示第七十五號ハ之ヲ廢止ス

第一條　左ノ信號ハ大連第二埠頭ノ一信號所ニ於テ之ヲ行フ、

2　No.

信號		信文
国際信號数字旗	1	埠頭区第一区ニ繋留スヘシ
同	2	同　第二区ニ繋留スヘシ
同	3	同　第三区ニ繋留スヘシ
同	4	同　第四区ニ繋留スヘシ
同	5	同　第五区ニ繋留スヘシ
同	6	同　第六区ニ繋留スヘシ
同	7	同　第七区ニ繋留スヘシ
同	8	同　第八区ニ繋留スヘシ
同	9	同　第九区ニ繋留スヘシ

9—0022　B列5　20字×10　南滿洲鐵道株式會社　(15. 10. 1,500冊 ……)

No.

3

同　110　同　第十区ニ繋留スヘシ

同　111　同　第十一区ニ繋留スヘシ

同　112　同　第十二区ニ繋留スヘシ

同　113　同　第十三区ニ繋留スヘシ

同　114　同　第十四区ニ繋留スヘシ

同　115　同　第十五区ニ繋留スヘシ

同　116　同　第十六区ニ繋留スヘシ

同　117　同　第十七区ニ繋留スヘシ

同　118　同　第十八区ニ繋留スヘシ

同　119　同　第十九区ニ繋留スヘシ

—0022　B列5　20字×10　南満洲鐵道株式會社　(15. 10. 7,500冊)

4

No.

同　20　同　第二十号ニ繋留スヘシ

同　21　同　第二十一号ニ繋留スヘシ

同　22　同　第二十二号ニ繋留スヘシ

同　23　同　第二十三号ニ繋留スヘシ

同　24　同　第二十四号ニ繋留スヘシ

同　25　同　第二十五号ニ繋留スヘシ

同　26　同　第二十六号ニ繋留スヘシ

同　27　同　第二十七号ニ繋留スヘシ

同　28　同　第二十八号ニ繋留スヘシ

同　29　同　第二十八号ニ繋留スヘシ

●—0022　B列5　28字×10　南滿洲鐵道株式會社　(15. 10. 7,500冊 …)

No.
5

同　30　同　第三十号ニ繋留スヘシ
同　31　同　第三十一号ニ繋留スヘシ
同　32　同　第三十二号ニ繋留スヘシ
同　33　同　第三十三号ニ繋留スヘシ
同　34　同　第三十四号ニ繋留スヘシ
同　35　同　第三十五号ニ繋留スヘシ
同　36　同　第三十六号ニ繋留スヘシ
同　37　同　第三十七号ニ繋留スヘシ
同　38　同　第三十八号ニ繋留スヘシ
同　39　同　第三十九号ニ繋留スヘシ

■—0022　B列5　28字×10　南滿洲鐵道株式會社　(15. 10. 7,500冊 —■■■)

No.

6

同 440 同 第四十区ニ繋留スヘシ
同 441 同 第四十一区ニ繋留スヘシ
同 442 同 第四十二区ニ繋留スヘシ
同 443 同 第四十三区ニ繋留スヘシ
同 444 同 第四十四区ニ繋留スヘシ
同 445 同 第四十五区ニ繋留スヘシ
同 446 同 第四十六区ニ繋留スヘシ
同 447 同 第四十七区ニ繋留スヘシ
同 448 同 第四十八区ニ繋留スヘシ
同 449 同 第四十九区ニ繋留スヘシ

ㇵ－0022 B列5 28字×10 南満洲鐵道株式會社 (15. 10. 7,500冊 [illegible])

No.

7

同	5 (0)	同　第五十号ニ繋留スヘシ
同	5 (1)	同　第五十一号ニ繋留スヘシ
同	5 (2)	同　第五十二号ニ繋留スヘシ
同	9 (9)	同　濱町埠頭ニ繋留スヘシ
黒球ノ下ニ番号信号旗数字旗	1 (●) 1	第一号浮標ニ繋留スヘシ
同	2 (●) 2	第二号浮標ニ繋留スヘシ
同	3 (●) 3	第三号浮標ニ繋留スヘシ
同	4 (●) 4	第四号浮標ニ繋留スヘシ
黒色円錐形ノ下ニ番号信号旗数字旗	1 (▲) 1	寺児溝第一桟橋西側ニ繋留スヘシ
同	2 (▲) 2	同　第一桟橋東側ニ繋留スヘシ

信号	信文
同（3▲3）	同　第二桟橋西側ニ繋留スヘシ
同（4▲3）	同　第二桟橋東側ニ繋留スヘシ
国際信号Aノ下ニ同回答旗	碇泊区ニ投錨スヘシ
黒色圓錐形一箇（▲）	寺児溝区ニ投錨スヘシ
黒球一箇（●）	埠頭区ニ投錨スヘシ
黒色圓筒形一箇（■）	露西亜町区ニ投錨スヘシ
黒色鼓形一箇（⧗）	甘井子区ニ投錨スヘシ

第二條　左ノ信号ハ甘井子埠頭第二信号所ニ於テ之ヲ行フ

信号	信文
黒色鼓形ノ下ニ国際信号数字旗（1⧗▲7）	甘井子第一埠頭第一区ニ繋留スヘシ

9

No.

同	2（▼▲2）	同　第二区ニ繋留スヘシ
同	3（▼▲3）	同　第三区ニ繋留スヘシ
同	4（▼▲4）	同　第四区ニ繋留スヘシ
同	5（▼▲5）	同　第五区ニ繋留スヘシ
同	6（▼▲6）	甘井子第二埠頭東側ニ繋留スヘシ
同	7（▼▲7）	同　西側ニ繋留スヘシ
同	8（▼▲8）	甘井子石油埠頭ニ繋留スヘシ

第三條　前ニ條ノ指定信號ハ夜間ニ在リテハ「モールス」式發火信號ヲ以テ之ヲ行フ

■—0022　B列5　28字×10　南満洲鐵道株式會社　(15.10.7,500冊 一書籍物)

旅順港~~規~~細則

明治四十年一月二十八日

旅順鎮守府制定

No. 20269

19

旅順鎮守府令

旅順港細則（最初ノモノ）

明治四十年五月二十八日

No.

旅順港細則

明治四十年二月二十八日

旅順鎮守府制定

第一章 通則

第一條 本則ニ於テ艦船ト称スルハ軍艦駆逐艦水雷艇潜水艇其ノ他大小各種ノ船舶船舟ヲ謂ヒ船舶ト称スルハ軍艦駆逐艦水雷艇潜水艇ニアラサル排水量十五噸以上ノモノヲ謂ヒ舟ト称スルハ授水量十五噸ニ満タサル汽艇荷物艀舟其ノ他一切ノ小舟ヲ謂フ

第二條 十五噸以上ノ海軍所屬艦船ニシテ第一區ニ入ラムトス

No.

ルモノハ鎮守府司令長官ノ許可ヲ受クヘシ但シ入渠若ハ修理
其ノ許可ヲ得タル者及送迎船ニシテ荷物積卸シノ為第一区ニ
入ルモノニ限リ港務部長適宜之ヲ処理スルコトヲ得
第三条　旅順港所在各庁（部隊ヲ含ム以下同ジ）所属ノ船艇ニ限リ
排水量十五噸以上ノモノト雖第一区ニ入ルコトヲ許ス但シ港
務部長ノ指示ニ従フヘシ
第四条　海軍所属外ノ船舶ガ二区以内ニ入ラムトスルトキハ其
ノ事由ヲ詳記シタル願書ヲ差出シ豫メ鎮守府司令長官ノ許可
ヲ受クヘシ但シ其ノ事由官用物品ノ運搬ニアルトキハ其ノ入
港願書ニ関係官衙主任官ノ検印ヲ受クヘシ

No.

海軍大臣ノ認許ヲ受ケタル船舶及本細則中別ニ通航出入ヲ許可シアルモノハ前項願出ノ手續ヲ要セス

第五條　海軍所属外ノ船舶ニシテ第二区ニ入ラントスルノ許否ニ関シテハ港務部長ヲシテ之ヲ取扱ハシム其ノ入港願手續ハ前條ニ準スヘシ但シ本細則中別ニ出入ヲ許シアルモノハ此限ニ在ラス

第六條　第二区沿岸居住民所有ノ船舶ハ第二区内ヲ自由ニ出入通行スルコトヲ得但シ第一区ニ入ラムトスルトキハ前條ノ手續ヲ行フヘシ

第七條　第二区ノ北側園第一第二第三標木ヲ連結スル直線以北

No.

ノ海面ニ限リ帝国海軍ニ属セサル船舶船舟ト雖自由ニ錨泊スルコトヲ得但シ必要ニ應シ其ノ区域ヲ変更スルコトアルヘシ

第八條　海軍所屬外ノ船舶船舟ハ旅順港水域内ニ出入スルニ當リ港務部職員ノ尋問アラハ一切ノ事由ヲ明示スヘシ

第九條　旅順鎮守府所屬ニアラサル帝国海軍所屬艦船ハ其ノ来港ノ事由及滞泊日数並重ナル事項ヲ速ニ鎮守府ニ通知スヘシ

第十條　本細則第四條及第五條ノ船舶船舟第一区第二区ヨリ出ントスルトキハ豫メ港務部ニ通知スヘシ其ノ入港ノ事由官用物品ノ運搬ニアリシトキハ関係官衙ノ證明ヲ要ス

第十一條　必要ナル場合ニ当リテハ艦船ノ第一区第二区ニ入ル

ヨ－0022　B列5　20字×10　南満洲鐵道株式會社　(16. 6. 5,000冊 結川納)

No.

コトヲ拒絶スルコトアルヘシ但シ緊急ヲ要スルトキハ港務部長ヲシテ之ヲ專行セシム

第十二條　第二區内別圖ノ通リ第一第二標木ヲ接スル直線以北第三第四標木ヲ接スル直線以西第四第五標木ヲ接スル直線以北第五第六標木ヲ接スル直線以西第六第七標木ヲ接スル直線以南ノ海面ニ於テハ漁業採藻ヲナスコトヲ得（許）ス但シ場合ニ依リ之ヲ禁止スルコトアルヘシ

第十三條　旅順港ノ境域區劃等ヲ表示スル標石標木標札又ハ繫船ノ目的ニ供セサル浮標等ニハ一切觸接スルコトヲ禁ス

第十四條　旅順港境域内ニ於テ帝國海軍所用者ハ所用ト思考シ

No.

得ル遺失物、埋藏物、漂流物及沈没品ヲ發見シ又ハ拾得シタル者ハ速ニ港務部ニ通知スヘシ

第十五條　旅順港境域内ニ在ル海軍所属ノ桟橋、埠頭及旅順港規則第二十四條ニ掲クル諸標具ヲ毀損傾倒シタル者ハ速ニ港務部ニ通知スヘシ其ノ毀損傾倒セルヲ發見シタル者亦同シ

第十六條　旅順港規則第十九條ニ掲クル禁止事項違反嫌疑者ヲ發見シタル者ハ何人ニ限ラス其ノ行為ヲ注意シ速ニ鎮守府ニ届出ルカ又ハ最近ニ在ル憲兵又ハ警察官ニ通知スヘシ但シ同規則第二十一條ニ掲クル嫌疑者ヲ發見シタル者亦同シ

第十七條　港務部所属ノ船舟ヲ以テ巡邏船ニ充テ港内ヲ警衛巡

No.

邏セシムル其ノ方法ハ港務部長之ヲ定ムルモノトス

第十八條　外国軍艦ハ港外ニ於テ演習若ハ操練ヲナスコトヲ得ス

第十九條　外国軍艦ノ乗員ハ葬儀執リ等ノ場合ニ於テ鎮守府司令長官ノ認許ヲ得タルトキノ外武装シテ上陸スルコトヲ得ス

但シ准士官以上其ノ服装ニ帯剣ノ制アルモノハ此ノ限ニ在ラス

第二十條　外国軍艦ハ陸上火災ノ場合ニ於テ鎮守府司令長官ノ依頼アルニアラサレハ防火隊ヲ出サザルヲ例トス

第二十一條　第二区以外ニ錨泊又ハ繫留スル艦船ニシテ汽罐等

No.

修理ノ為十二時間以内ニ運航スルコト能ハサル工事ヲナサムトスルトキハ豫メ着手及竣工期日ヲ港務部ニ通知スヘシ

第二十二條　第一区及第二区ニ於テハ港務部長ノ承認ヲ得スシテ探海及之ニ類スル演習其ノ他錨綱等ヲ用ヒ海中ヲ掃探スヘカラス

第二十三條　艦船ニ於テ其ノ乗員ニ水泳ヲナサシメムトスルトキハ臨時救助艇等ヲ樹テ之ニ救命浮標ヲ掲ケ其ノ救助艇ト該艦船ノ首尾トヲ接合シタル直線以内ヲ水泳区域トナスヘシ
陸岸ヨリ水泳ヲ為ス場合ニハ適用シ得ラルル限リ前項ニ準スヘシ

ヨ－0022　B列5　28字×10　南滿洲鐵道株式會社　(16.6.5,000冊 …)

No.……………

第二十四條　第一区ニ於ケル港務部長ノ指示スル区域外ニ於テ水泳スルコトヲ禁ス

第二十五條　艦船ハ第二十三條第二十四條ノ水泳区域内ヲ運航スルコトヲ禁ス

第二十六條　第一区ニ在ル艦船ハ後部ニ二隻以上ノ舟艇ヲ繋クヘカラス但シ其ノ艦船ノ幅ヲ超ヘサル限リ並列シテ繋クコトハ妨ケナシ

第二十七條　第一区ニ在ル艦船ハ夜間ハ總テノ舟艇ヲ引上ケ「スヰンギンブーム」ヲ收メ若ハ擡揚スヘシ又港務部長必要ト認ムル場合ニハ晝間「スヰンギンブーム」ヲ出スコトヲ禁スルコトア

No. ……………

ルヘシ

第二十八條　陸岸ニ繋留スル艦船ハ港務部長ノ承認ヲ得ルニアラサレハ「スチレギンブーム」ヲ出スコトヲ禁ス

第二十九條　石炭其ノ他海底ニ堆積スヘキ虞アル物件ヲ積卸シスルトキハ之ヲ水中ニ墜落セサルコトニ注意スヘシ

第三十條　旅順港規則第十五條第一項ニ掲クル區域ノ外同規則附圖點三線以内ノ第三區海面内ニ於テハ一切ノ物件ヲ委棄スルコトヲ禁ス

第三十一條　物件委棄區域ニアル艦船ノ委棄物ヲ蒐集スル為港務部ヨリ適宜ノ舟ヲ出シテ毎日数回巡回セシムヘシ

ヨー0022　B列5　28字×10　南満洲鐵道株式會社　(16.6.5,000冊 ……)

No.

前項ノ塵芥舟ニハ標識トシテ白ヲ灰燼舟ニハ赤ヲ掲ケシム艦船ニ在テハ豫メ準備シ置キ此等船舟ヲシテ永ク停留セシムヘカラス但シ第七條ノ商船錨泊区域内ニ在ル船舶船舟ニ対シテハ港務部長ハ民政署長ト協議シ本條ノ主旨ニ適スル方法ヲ定ムヘシ

第三十二條　旅順港境域内ニ於テハ標札ヲ以テ制限シタル事項ニ違背ス可カラス

第三章　出入港ニ関スル事項

第三十三條　第二区以内ニ入港セムトスル軍艦船舶ハ黄金山信號所ノ旗竿ニ出港旗ノ掲揚シアル間ハ第三区内航路ノ妨碍ト

ヨ－0022　B列5　28字×10　南満洲鐵道株式會社　(16.6.5,000冊 ...)

No.

ナラサル位置ニ於テ待チ合スヘシ

第三十四條 第二区以外ヨリ出港セムトスル軍艦船舶ハ黄金山信号所ノ旗竿ニ港旗ノ揭揚シアル間ハ出港スルコトヲ禁ス

第三十五條 出港旗及入港旗ハ左ノ如シ

出港旗

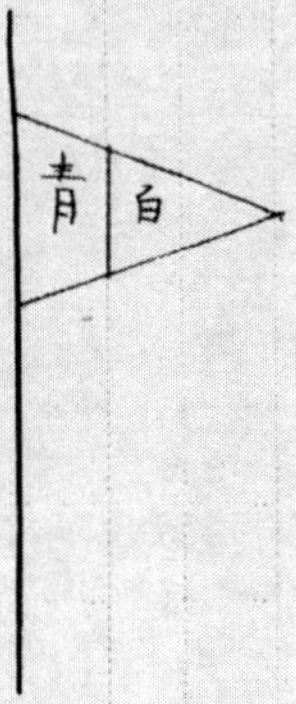

入港旗

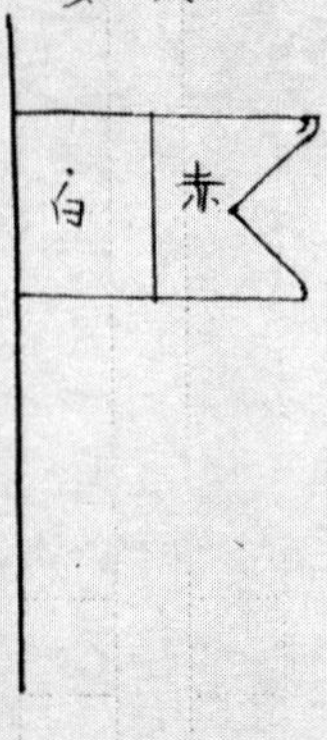

第三十六條 第二区以内ニ入ルヘキ軍艦船舶ニシテ日没後到達シタル時ハ日出迄第三区ニ於テ航路ヲ避ケ假泊スヘシ但シ港務部長ヨリ錨地ノ指定ヲ受ケタルモノ及第七條ノ区域ニ入ルモノニシテ特ニ許可ヲ得タル者ハ此ノ限ニ在ラス

ヨ－0022 B列5 28字×10 南滿洲鐵道株式會社 (10. 8. 5,000冊 ...)

No.

第三十七條 二隻以上ノ艦船同時ニ第二区以内ニ入港セムトスルトキハ錨地ノ指定ヲ受ケタル順次ニ従ヒ第七條ノ区域内ニ入ルモノト雖彼是輻輳ノ場合ニハ港口ニ到達シタル順序ニ従ヒ一隻錨泊者ハ繋留ヲ了ルマテ他ノ艦船ハ第三区ニ待合スヘシ但シ指定ノ錨地隔絶シテ操縦上危険ヲ生スルノ虞ナキ時ハ此限リニ在ラス

第三十八條 二隻以上ノ軍艦船舶第二区以内ヨリ同時ニ出港セムトスル時ハ可成港口ニ近キモノ先ツ第三区ニ出ツルモノトス

第三十九條 海軍所属外ノ船舶ニシテ第二区以内ニ入ラムトスルモノハ豫メ入港ノ許可ヲ受ケタルト否トニ拘ラス第三区内

No.

航路ノ妨トナラザル所ニ於テ萬国船舶信號PD旗ヲ揚ゲタルカ若ハ其ノ他ノ方法ニ依リ指揮ヲ待ツヘシ但シ豫メ許可ヲ受ケタルモノニシテ第七條ノ区域外ニ入ルモノハ此限ニ在ラス

第四十條　港務部廳舎前ノ旗竿ニ萬国船舶信號ノB旗ヲ掲揚シアル間ハ指定セラレタルモノノ外一切ノ艦船ノ東港外ニ出入スルコトヲ禁ス

第四十一條　艦船入港ノ際水路嚮導ヲ要スル時ハ黄金山信號所ニ信號ヲナシ水路嚮導船ヲ港務部ニ要求スヘシ

第三章　艦船繋泊及運轉ニ関スル事項

第四十二條　艦船陸岸ニ繋維、離脱、出入渠及出渠後ニ於ケル

No.

繋留事業ハ港務部ノ所掌トス但シ該艦船ノ乗員ハ之ニ関シ充分ナル補助ヲナスヘシ

第四十三條 艦船浮標ニ繋留中天候其ノ他事故ノ為其ノ艦船ノ錨ヲ投下セムトスルトキ他ニ故障アラサルニ於テハ先ツ浮標ニ繋維シアル錨ヲ鎖延ハシ該浮標ヲ維持スル錨ニ害ヲ及ホササルニ至テ其ノ錨ヲ投下スヘシ

第四十四條 艦船浮標ニ繋留ノ際試運轉ヲナストキハ必ス微速カヲ以テシ繋留錨鎖ヲ緊張スルコトアルヘカラス

第四十五條 艦船第二区以内ヲ運航スルトキハ他艦船ニ危害ヲ加フルカ如キ速力ヲ用ユヘカラス

ヨ－0022 B列5 28字×10 南滿洲鐵道株式會社

No.

第四十六條　旅順港水域ニ於テ曳船ヲナスニハ特ニ港務部長ノ許可ヲ得タルトキノ外ハ左ノ制限ニ従フヘシ

一　端舟及荷船ヲ曳クトキハ曳船ノ船尾ヨリ最後ノ被曳船ノ船尾ニ至ルマテノ距離ハ晝間ニ在テハ六十間夜間ニ在テハ二十間ヲ超ユヘカラス

二　端舟及荷船ハ前號ノ距離ヲ超ヘサル限リ二隻ツツ並列シテ曳クコトヲ得

第四十七條　艦船ハ天災其ノ他不時ノ事故ニ應スル為雙錨泊ニ在テハ豫備錨ニ錨鎖ヲ附著シ單錨泊又ハ浮標ニ繫留セル場合ニ在テハ大錨投下ノ準備ヲナシ置クヘシ

ヨ－0022　B列5　28字×10　南滿洲鐵道株式會社

No.

第四十八條　艦船ガ二区以内ニ於テハ錨ニ浮標ヲ附シテ投下ス
ルコトヲ禁ス

第四章　上陸場其ノ他陸岸ニ関スル事項

第四十九條　海軍軍人軍属第一区ノ沿岸ヨリ上陸乗船スルニハ
左記ノ場所ニ限ル其ノ他ノ沿岸ヨリ上陸乗船スルニハ港務部
長ノ承認ヲ受クヘシ但シ沿岸使用廳ニ所用アルモノ及同廳所
属船ニ乗降スルモノハ此ノ限ニ在ラス

第一埠頭　港務部前

第五十條　海軍軍人軍属ノ外ハ港務部長ノ承認ヲ受クルニアラ
サレハ第一区沿岸ヨリ上陸乗船スルコトヲ禁ス但シ特許ヲ受

No.

ケタルモノニ限リ第一埠頭ヨリ上陸乗船スルコトヲ得

第五十一條　埠頭ニハ上陸乗船者ハ物件積卸ノトキノ外船舟ヲ繋維スヘカラス

第五十二條　第一区沿岸ニ於テハ該沿岸使用ノ関係官衙ノ承認ヲ得スシテ端舟ヲ陸揚シ又ハ物品ヲ集積スヘカラス

第五章　通信信號ニ関スル事項

第五十三條　黄金山信號所ノ外東口入口北側ニ見張所ヲ置キ港務部ニ属セシメ黄金山信號所ト共ニ旅順港及外海上ノ監視及海陸ノ通信ニ任セシム

第五十四條　艦船ヨリ信號所若ハ見張所ニ向テ信號ヲナスニハ

No. ....

萬国船舶信號旗ヲ揚クヘシ

第五十五條　艦船ヨリ信號所若ハ見張所ヲ介シテ鎮守府各廳ニ通信ヲナサムトセハ第五十三條ニ記スル信號所若ハ見張所ニ向ヒ信號ヲ以テスヘシ

信號所若ハ見張所ハ直ニ電話ヲ以テ指示廳ニ通スヘシ陸上各廳ヨリ艦船ニ通信セムトスルトキハ右ニ準スヘシ

第五十六條　艦船ノ乘員陸上ニ在テ各自所屬ノ艦船ノ舟艇ヲ呼ハムトスルトキハ見張所（第一埠頭側）ニ設置シアル信號檣ニ特種ノ招艇旗ヲ揚クルコトヲ得此ノ場合ニ於テハ要スレハ黄金山信號所ハ二檣頭（下部ノモノ）ニ於テ之ヲ受ケ継クコトヲ得但シ該

No.

招艇旗ハ各艦船ニ於テ適宜調製シ該檣付属ノ格納所ニ備フヘシ

第五十七條　艦船ニ於テ要棄物ノ量夥多ニシテ第三十一條ノ舟之ニ應スルニ足ラス更ニ他ノ舟ヲ要スルトキハ萬国船舶信號旗YM（塵芥舟呼）否ハYJ旗（灰燼舟呼）ヲ揭クヘシ

港務部ニ於テハ同旗ヲ揭ケテ應諾ヲ表スルモノトス若シ直ニ其ノ要求ニ應シ難キトキハ之ヲ半揭スヘシ

第五十八條　艦船旅順港水域内ニ於テ火災又ハ非常ノ場合ニ遭遇シ救護ヲ要スルトキハ船鐘ヲ連打シ且ツ晝間ハ萬国船舶信號NC旗ヲ揭ケ夜間ハ絶ヘス赤燈ヲ上下シ且ツ號火ヲ點スル

ヨ－0022　B列5　28字×10　南滿洲鐵道株式會社

カ又ハ火箭ヲ揚クヘシ

第五十九條 港務部ニ通信船ヲ置キ市三区點三線以内ニ在泊セル艦船ヘ陸上各廳ヨリノ文書及其ノ他軽易ノ物品ヲ送達セシムル通信船ニハ標識トシテ艇舟ニ白地ニ赤ノ蛇ノ目ヲ畫キタル旗ヲ揭ク

第六十條 總テ艦船廳ニ於テ傭入レタル小舟ニハ見易キ一定ノ旗章ヲ揭ケシムヘシ但シ豫メ此ノ旗章ヲ港務部長ニ通知シ置クヲ要ス

第六章 危險物其ノ他取締ニ關スル事項

第六十一條 公務ノ外個人ト雖鎮守府司令長官ノ許可ナクシテ

No.

火藥庫及防禦營造物ニ接近スヘカラス

第六十二條　爆發物若ハ燃燒シ易キ物件ヲ積載スル艦船ハ鎭守府司令長官ノ許可ナクシテ第一区ニ入ルコトヲ得ス

第六十三條　艦船入渠又ハ陸岸ニ繫維セムトスルモノハ特ニ鎭守府司令長官ノ許可アルニアラサレハ凡テノ危險物ヲ卸スヘシ

第六十四條　旅順港水域ニ於テ左記各號ノ一ニ該当スル艦船ハ航行錨泊ニ関セス晝間ハ萬国船舶信號旗ヲ檣頭ニ揭ケ夜間ハ紅燈一箇ヲ周囲ヨリ見易キ所ニ揭クヘシ但シ檣ヲ備ヘサル船舟ハ長竿ニ旗若ハ赤燈ヲ附着シテ之ヲ樹ツヘシ

ョ－0022　B列5　28字×10　南滿洲鐵道株式會社　(16. 6. 5,000冊 納)

No.

一 軍艦駆逐艦水雷艇潜水艇ニシテ制規ノ格納所以外ニ爆發物其ノ他ノ危險物ヲ積載スルモノ

二 現ニ爆發物其ノ他ノ危險物ヲ積卸スル艦船

三 船舶船舟ニシテ爆發物其ノ他ノ危險物ヲ積載スルモノ

第六十五條 前條一號三號ノ艦船ガ丑二旦以內ニ入ラムトスルモノハ第ニ鎮守府司令長官ニ申願シ許可ヲ受クヘシ但シ本細則第四條第五條ニ依リ入港願出ノ事由爆發物其ノ他ノ危險物ノ運搬ニ在ルトキハ本條ノ願出ヲ要セス

第六十六條 船舶信號用等ノ為ニ備フル火薬、雷管、火箭、號火、救命火箭等ニシテ安全ナル方法ヲ以テ適當ニ格納シアル

ヨ－0022 B列5 28字×10 南满洲鐵道株式會社 (16. 6. 5,000册 鮎川納)

No.

モノハ本章第六十二條乃至第六十五條ニ依ルノ限ニ在ラス

第六十七條 第一区ニ於テハ特ニ鎮守府司令長官ノ命アルニアラサレハ礼砲、號砲及銃發ヲ為スコトヲ得ス

第六十八條 旅順港境域ト雖左記各號ノ区域ヲ除クノ外ハ鉱業、土木及狩獵ノ目的ヲ以テスルモノニ限リ法律ノ範囲内ニ於テ火器若ハ爆發物ノ發射發火ヲ為スコトヲ得但狩獵ハ場合ニ依リ之ヲ停止スルコトアルヘシ

一 第一区第二区ノ水面

二 第一区第二区ノ沿岸ニシテ水面(満潮面)ヲ距ル七十五間以内ノ陸地、

ヨ－0022 B列5 28字×10 南満洲鐵道株式會社 (16. 6. 5,000冊 結川納)

No.

三　海軍用地及之ヲ距ル七十五間以内ノ陸地及水面
四　火藥庫ヲ距ル百三十間以内ノ陸地及水面
五　特ニ禁制ノ掲示アル場合

第六十九條　前條各號ノ區域ヲ除キタル旅順港境域内及練兵場ニ於テハ演習ノ目的ヲ以テスルモノニ限リ砲銃及水雷其ノ他爆發物ノ發射發火ヲ為スコトヲ得但シ豫メ鎮守府司令官ニ届出テ且充分ナル注意ヲ為シ他ニ危害ヲ及ホス可カラス

第七十條　火気ヲ有スル船舶ハ萬一船舶信號旗ヲ揭クル艦船ノ近傍ヲ通航スル場合ニハ事情之ヲ許スニ於テハ風下ニ安全ナル距離ヲ保チ風下ヲ通航スル能ハサルトキハ一層充分ニ安

No.

全ナル距離ヲ保ツヘシ

第七十一條　火藥彈丸等ヲ運搬スル汽船ハ工作部長ノ承認ヲ受ケタルモノニ限リ火藥庫ヲ距ル百三十間以外ノ埠頭若ハ海岸ニ着船スルコトヲ得

第七十二條　第一項ニ於テ爆發物其ノ他ノ危險物ヲ積卸セムトスルモノハ港務部長ノ承認ヲ受ケ其ノ指示ニ從フヘシ

第七章　衛生及檢疫ニ關スル事項

第七十三條　本細則ニ於テ傳染病ト稱スルハ虎列剌、赤痢、腸窒扶斯、痘瘡、發疹窒扶斯、猩紅熱、實布垤利亜、「ペスト」、再歸熱及麻疹ヲ謂フ

No.

第七十四條　旅順港ニ入ル海軍所属艦船ハ投錨後直ニ其ノ衛生ノ状況ヲ鎮守府司令長官ニ報告スヘシ但シ抜錨後七日以内ニ再ヒ入港シ同艦ノ衛生状況ニ異変ナキトキハ此ノ限ニ在ラス

第七十五條　旅順港水域及之ニ注入スル河流、溝渠ハ勿論其ノ他旅順港境域内何レノ場所ト雖傳染疫者排泄物病毒汚染ノ疑ヒアル物品及其ノ他建康ニ害アル一切ノ物件ヲ投棄スルコトヲ禁ス

第七十六條　旅順港水域ニ於テ急死者アルトキハ左ノ各號ニ依ルヘシ

一　海軍所属ノ艦船ニ在テハ軍醫官若ハ士官ヲ直ニ鎮守府ニ

ヨ－0022　B列5　28字×10　南滿洲鐵道株式會社　(16, 6, 5,000冊 鮎川納)

No.

派シ其ノ實況ヲ報告セシムヘシ

二海軍所屬外ノ船舶船舟ニ在テハ其ノ實況ヲ鎮守府及民政署ニ届ケ出ツヘシ

第七十七條　海軍所屬外ノ船舶船舟第一區第二區ニ於テ急病者アルトキハ速ニ港務部ニ申出ヘシ

第七十八條　旅順港水域ニアル海軍所屬艦船内ニ虎列剌、痘瘡「ペスト」ヲ發生シタルトキハ直ニ其ノ旨信號ヲ以テ鎮守府ニ報告シ晝間ハ萬國船舶信號Q旗ヲ揭ケ夜間ハ紅白二燈ヲ縦ニ連揭シ一切ノ交通ヲ遮断シ鎮守府ヨリ派遣スル軍醫官ノ臨檢ヲ受ケ鎮守府司令長官ノ指揮ヲ待ツヘシ

ヨー0022　B列5　25字×10　南満洲鐵道株式會社

No.

第七十九條　旅順港水域ニ在ル海軍所屬ノ艦船及ニ前條以外ノ傳染疫ヲ發生シタルトキハ直ニ其ノ旨信號ヲ以テ鎮守府ニ報告シ軍艦ニ在テハ其ノ軍醫官ヲ鎮守府ニ派シ實況ヲ報告スヘシ

前項ノ艦船ハ其ノ疫状況ニ依リ交通ヲ遮斷セシメ若ハ錨地ヲ轉セシムルコトアルヘシ此ノ場合ニ於テハ晝間ハ萬國船舶信號Q旗ヲ揭ケ夜間ハ紅白二燈ヲ縦ニ連揭スヘシ

第八十條　旅順港水域ニ於テ艦船廳所屬ノ船舶舟及ニ傳染疫患者若ハ同疫死者アルトキハ其ノ屬スル艦船設廳ハ前二條ニ準シ其ノ手續ヲナスヘシ

ヲ－0022　B列5　23字×10　南滿洲鐵道株式會社　（16. 6. 5,000冊　鮎川納）

No.

第八十一條　旅順港水域ニ於テ海軍所屬外ノ船舶船舟内ニ傳染病患者若ハ同病類似ノ患者並ニ同病死者アルトキハ其ノ関係者ハ勿論之ヲ目撃シタル者若ハ之ヲ聞知シタル者ハ直ニ鎮守府、憲兵若ハ最近警察官ニ通知スヘシ鎮守府ニ於テハ必要ト認ムル場合ニハ軍醫官ヲ派シ臨検セシメ又其ノ船舶船舟ノ消毒方法等ニ関シ地方警察官若ハ検疫関係吏員ト協議セシムルコトアルヘシ

第八十二條　旅順港ニ来港スル艦船ニシテ現ニ虎列剌、痘瘡、「ペスト」患者若ハ同病死者アルモノ同病患者若ハ死者アリタルモノ又ハ同病流行地ヲ發シ或ハ経由シ若ハ同病毒ニ汚染シタ

No.

ル他ノ艦船ト交通シタルモノニシテ消毒ヲ畢ラサルモノハ港外三海里ノ地ヨリ晝間ハ萬國船舶信號Q旗ヲ揭ケ夜間ハ紅白二燈ヲ縦ニ連揭シ第三区點三線以内ニ假泊シ交通ヲ遮断シ鎮守府司令長官ノ指揮ヲ待ツヘシ

第八十三條　前條ニ該當スルモノニシテ其ノ已ニ檢疫及消毒ヲ了リタルモノト雖第三区ニ假泊シ信號又ハ他ノ方法ヲ以テ其ノ旨ヲ鎮守府ニ届出テ鎮守府ヨリ派遣ノ軍醫官ニ檢疫済若ハ消毒済ノ證ヲ示シ鎮守府司令長官ノ指揮ヲ受クヘシ但シ派遣軍醫ニシテ必要ト認ムル場合ニハ臨検ヲスルコトアルヘシ

第八十四條　旅順港ニ来航スル艦船ニシテ現ニ第八十二條以外

No.

ノ傳染病患者ハ同病死者アルモノハ投錨後直ニ其ノ旨ヲ鎮守府ニ届出テ鎮守府司令官ノ指揮ヲ待ツヘシ

第八十五條　旅順港地方ニ於テ傳染病流行ノ際来航スル艦船ニ地方ノ不健康ヲ知ラシムル爲港務部ヲシテ該艦船ノ投錨後~~直~~約十分間信號所若ハ見~~其ノ由ヲ鎮守府~~張所ノ信號竿ニ晝間ハ萬國船舶信號Q旗ヲ揭ケシメ夜間ハ紅白二燈ヲ縱ニ連揭セシム

第八十六條　艦船消毒隔離ノ爲駐泊スル所ヲ鶯子營消毒所附近トス但シ要スル時ハ他ニ駐泊所ヲ指定スルコトアルヘシ

第八十七條　總テ消毒並隔離ヲ要スル艦船ハ晝間ハ萬國船舶信號Q旗ヲ揭ケ夜間ハ紅白二燈ヲ縱ニ連揭スヘシ

ヲ－0022　B列5　28字×10　南滿洲鐵道株式會社　(16. 6. 5,000冊)

No.

第八十八條 本章ニ依リQ旗及紅白二燈ヲ揭クヘキ艦船ノ乘員鎭守府司令長官ノ命令若ハ許可ヲ得テ鎭守府ニ至ルトキハ左ノ各號ニ據ルヘシ

一 乘用船舟ニハ晝間ハ萬國船舶信號Q旗ヲ揭ケ夜間ハ紅白二燈ヲ縱ニ連揭スヘシ

二 乘用船舟ハ一切他ノ艦船ト交通セシムヘカラス

三 乘用船舟員ハ一切上陸セシムヘカラス又他艦船員ト交通セシムヘカラス

第八十九條 本章ニ依リQ旗及紅白二燈ヲ揭クヘキ場合ニ當リ其ノ準備ナキ船舟ハ標舟ハ標札ヲ揭クルカ其ノ他適宜ノ方法

No.

ヲ以テ之ニ換エルコトヲ得

第九十條 旅順港境域内ニ在ル海軍諸官衙等ハ出来得ル限リ本章ノ規程ニ準據スヘシ

第九十一條 本章ノ規定ニ違反シタル者ヲ認ムルカ或ハ違反者アルコトヲ聞知シタル者ハ速ニ鎮守府、憲兵若ハ警察官ニ通知スヘシ

第八章 雑則

第九十二條 旅順要塞司令部及砲兵隊附屬ノ船艇ハ第二区内ヲ自由ニ航行スルヲ得ルモノトス

第九十三條 第二区以内ニ於テ營業スル傭船舟ハ本細則第五條

No.

ニ依リ港務部長ニ願出テ其ノ指示ニ従フヘシ

第九十四條 艦船應要ニ於テ小舟ノ傭入ヲ要スルトキハ前條ニ基キ既ニ港務部長ノ許可ヲ受ケタルモノヲ傭入ルルヲ例トス

第九十五條 帝国艦艇ノ入港スルニ際シ旅順港規則第二條ニ依リ符字信號ヲ掲揚スルトキハ黄金山見張所ハ之ニ應答スヘシ

此ノ應答ヲ見テ艦艇ハ符字信號ヲ降下スルモノトス

附 則

本則ハ發布ノ日ヨリ之ヲ施行ス

(別図略)

旅順港取締規則

明治四十三年七月一日

府令第二十四号

No. 20273

(23)

港令

旅順港取締規則

明治四十三年

ヨ—0022　B列5　28字×10　南満洲鉄道株式會社

No.

旅順取締規則

明治四十三年七月一日

府令第二十四號

旅順港取締規則左ノ通定ム。

旅順港取締規則

第一條　本令ニ於テ港内ト稱スルハ旅順港規則第一條ニ規定セル第三区中西港ノ海面ヲ謂ヒ船舶ト稱スルハ海軍所屬ノ艦船以外ノモノヲ謂フ。

第二條　總噸數五百噸以上ノ船舶ハ水先人ノ水路嚮導アルニ非サレハ港内ニ出入スルコトヲ得ス但シ旅順港規則第八條ニ依

ヨ—0022　B列5　28字×10　南滿洲鐵道株式會社

No.

リ其ノ必要ナシト認メラレタルモノハ此ノ限ニ在ラス

規則第八條ニ依リ其ノ必要ナシト認メラレタルモノハ此ノ限ニ在ラス

泊地ノ変更又ハ其ノ他ノ場合ニ於テ必要アルトキハ水路嚮導ヲ請求スルコトヲ得

前各項ノ船舶ハ水先要求信號ノP丁旗ヲ揭ケ又ハ口頭ヲ以テ水先人ヲ論務局ニ請求スヘシ

水路嚮導料ハ別ニ之ヲ定ム

第三條　水路嚮導ヲ要スル船舶ノ船長ハ護ノ運航及操縦ニ関スル準備ヲ整ヘ之ニ要スル一切ノ勞力ヲ水先人ニ提供スヘシ

No.

第四條　水先人職務執行ノ爲乗船中ハ當該船舶ニ於テ最モ見易キ場所ニ萬國船舶信號ノ丁旗ヲ揭クヘシ

~~第五條　水先人職務執行ノ爲乗船中ハ當該船舶ニ於テ最モ見~~

第五條　水路嚮導ヲ要シタル船舶ノ船長ハ船名、國籍、總噸數所有者名、代理店名、出入當時ノ各喫水及日時、水路嚮導ノ区域ヲ記載シ記名調印シテ之ヲ水先人ニ提供スヘシ

第六條　港内ニ入港ノ船舶ハ海務局ノ指定シタル位地ニ就クヘシ但シ沿岸支那形船其ノ他ノ小廻船ハ航路又ハ運航ノ妨害トナラサル限リ指定ヲ待タス碇泊スルコトヲ得

海務局長ハ泊地ノ都合ニ依リ外國軍艦ノ碇泊日数ヲ制限シ又

ヨ－0022　B列5　28字×10　南滿洲鐵道株式會社　(16. 6. 5,000冊)

No.

ハ入港ヲ拒絶スルコトアルヘシ

第七條 船舶ハ第一號書式ノ交通許可證ヲ受クルニ非サレハ陸地又ハ他船ト交通シ船客船員ノ上陸物件ノ陸揚ヲ為スコトヲ得ス

第八條 港内ニ於テ其ノ位置ヲ變更セムトスル船舶ハ海務局ノ許可ヲ受クヘシ但シ危急ニ際シ許可ヲ受クルノ遑ナキ場合ハ此ノ限ニ在ラス

第九條 海務局長ニ於テ必要ト認ムルトキハ港内ニ於ケル船舶ノ運航ヲ停止シ又ハ泊地ノ變更ヲ命スルコトヲ得

第十條 入港ノ船舶ハ着港後二十四時間以内ニ船舶國籍證書若

No.

之ニ代ルヘキ證書及船員名簿ヲ添ヘ第二號書式ノ着港屆ヲ海務局ニ提出スヘシ

前項ニ據リ提出シタル船舶ノ書類ハ出港手續ヲ終ル迄海務局ニ保管スルモノトス

第十一條　出港セムトスル船舶ハ出港一時間前迄ニ第三號書式ノ出港屆ヲ提出シ第四號書式ノ出港許可證ヲ受クルニ非サレハ出港スルコトヲ得ス

前項ノ船舶ハ出港二十四時間前ヨリ出帆旗ヲ前檣頭ニ揭クヘシ

第十二條　入港後二十四時間以内ニ出港セムトスル船舶及關東

ヨ—0022　B列5　28字×10　南満洲鐵道株式會社

No.

但沿岸ノミヲ航行スル船舶ハ着港届ノ外船長又ハ代理者ヨリ保證状ヲ提出シ第十條ニ規定セル書類ニ代フルコトヲ得

第十三條　出港許可證ヲ受ケタル後二十四時間以上碇泊スル船舶ハ第十條及第十一條ノ手續ヲ経テ更ニ出港許可證ヲ受クルニ非サレハ出港スルコトヲ得ス但シ荷役ヲ為ササル場合ハ此ノ限ニ在ラス

第十四條　海務局ニ於テ指定シタル地點ノ外貨物ノ積卸ヲ為シ又ハ乗客船員ノ上陸若ハ乗船ヲ為スコトヲ得ス

第十五條　左ノ各號ノ一ニ該當スル船舶ハ西港以外ノ第三區ニ假泊シ検疫信號ヲ揭ケテ海務局吏員ノ指揮ヲ受クヘシ

ヨ—0022　B列5　28字×10　南満洲鐵道株式會社　(16. 6. 5,000冊)

No.

一　現ニ傳染病若ハ之ニ疑ハシキ患者又ハ死者アルモノ
二　航海中傳染病若ハ之ニ疑ハシキ患者又ハ死者アリタルモノ

三　傳染病流行地ヲ發シ又ハ其ノ地ヲ經テ来航シ若ハ傳染病毒ニ汚染シタル船舶ト交通シ其ノ他傳染病毒ニ汚染シタル疑アルモノ

檢疫信號ハ晝間ハ船舶ノ前檣頭ニ黄旗ヲ揭ケ夜間ハ同所ニ紅白二燈ヲ上下ニ連揭スルモノトス

傳染病ト稱スルハ虎列剌、痘瘡、猩紅熱、「ペスト」ヲ謂フ

第十六條　入港後前條ノ傳染病及赤痢、腸窒扶私、パラ窒扶私

ヨ―0022　B列5　28字×10　南滿洲鐵道株式會社　(16. 8. 5,000冊 鉱用紙)

No.

發疹窒扶斯、實布垤里亜若ハ之ニ疑ハシキ患者ヲ發生シタルトキハ検疫信號ヲ揚ケ海務局吏員ノ指揮ヲ受ケ更ニ第一號書式ノ交通許可證ヲ受ケタルニ非サレハ陸地若ハ他船ト交通シ船客船員ノ上陸、物件ノ陸揚ヲナスコトヲ得ス入港後傳染病毒ニ汚染シ若ハ汚染ノ疑アル事實ヲ發見シタルトキ亦同シ

第十七條　海務局長ニ於テ必要ト認ムルトキハ船内ニ臨検シ船員及船客ノ健康診斷ヲ施行スルコトヲ得

第十八條　牛羊及其ノ他ノ獸類又ハ其ノ屍体、生皮、皮革、毛骨類ヲ搭載セル船舶ニ対シ海務局長ニ於テ必要ト認ムルトキハ何時ニテモ臨検シ消毒シ若ハ隔離其ノ他ノ處分ヲ施スコトヲ

No.

得
第十九條　海務局長ハ船舶ニ対シ左ノ處分ヲ為スコトヲ得
一、現ニ傳染病患者若ハ死亡者アルモノハ停船ヲ命シ患者、死者ノ處分ヲ指示シ船舶其ノ他ノ物件ノ消毒方法若ハ鼠族ノ驅除ヲ施行シ且必要アリト認ムルトキハ一定ノ期間乗客船員ヲ檢疫所又ハ船内ニ停留スルコト
二、航海中傳染病患者若ハ死者アリタルモノハ第一號ノ規定ニ準シテ處分スルコト
三、傳染病流行地ヲ發シ又ハ其ノ地ヲ経テ来航シ若ハ傳染病毒ニ汚染ノ疑アル船舶ニシテ必要アリト認ムルトキハ第一

ヨ−0022　B列5　28字×10　南満洲鐵道株式會社　(16. 6. 5,000冊 …)

No.

號ノ規定ニ準シテ處分スルコト

四 停船中傳染病患者ヲ發生シタルトキハ更ニ第一號ノ規定ニ依リ處分スルコト

五 必要ト認ムルトキハ消毒ノ為指定ノ地點ニ廻航ヲ命スルコト

六 傳染病ノ疑アル患者アルトキハ二日ヨリ多カラサル期間停船ヲ命スルコト

七 發航地若ハ寄港地ノ状況又ハ船舶ノ状態ニ依リ消毒方法又ハ鼠族ノ驅除ヲ施行スルコト

第一號ノ停船期間ハ消毒ノ施行ヲ終リタル時ヨリ起算シ「ペス

ヨ－0022　B列5　28字×10　南滿洲鐵道株式會社　(16. 6. 5,000冊 [illegible])

No.

止ハ十日間、虎列剌ハ五日間トス但シ第三號ノ場合ニ於テハ
傳染病流行地ヲ發シ又ハ其ノ他ノ地ヲ經過シ若ハ傳染病毒ニ汚染
シタリト疑フヘキ事實アリタルトキヨリ起算ス
第二十條　船舶、物件ノ消毒費、停留人ノ食費、患者、死者ニ
關スル費用ハ船長又ハ其ノ代理者ヨリ之ヲ納付スヘシ
第二十一條　關東州外ニ來航セムトスル船舶ハ健全證書ノ交付
ヲ申請スルコトヲ得
前項ノ申請アリタルトキハ海務局長ハ其ノ船舶ノ健康狀態ヲ
檢閲シ第五號書式ノ健全證書ヲ交付スヘシ
第二十二條　港内ニ入港セムトスル船舶ニシテ常用ノ外ニ爆發

No.

物若ハ容易ニ燃燒スヘキ物件ヲ搭載セルトキハ旅順港規則第四條ニ依リ表示スヘキ信號ノ外晝間ハ赤旗夜間ハ紅燈ヲ前檣又ハ見易キ場所ニ掲ケ西港以外ノ第三区海軍港務部長ノ指示アルトキハ其ノ錨地ニ在リテ海務局吏員ノ指揮ヲ受クヘシ但シ特ニ許可ヲ得タルモノハ此ノ限ニ在ラス

前項ノ爆發物ト稱スルハ「ブラスチング、ゼラチン」、彈藥包、爆發管、「ダイナマイト」、「ゼリグナイト」、「ナイトログリセリン」、火藥、綿火藥、雷管ノ類ヲ謂ヒ容易ニ燃燒スヘキ物件ト稱スルハ生石油ブルマ油クンクリーン油ロツク油ヲ包含ス石油、「ナフタ」、的列並底油、依的見、偏滿蘇兒、石油偏陳、「アセトン」、酒精及硫化炭

No.

素ノ類其ノ他華氏九十五度以下ノ熱度ニ因リ發火スヘキ気体
ヲ發スルモノヲ謂フ
船舶ニ備付ケタル大砲一門毎ニ火藥五十發分導火管類七十箇
小銃一挺毎ニ彈藥百發分、雷管百五十箇及積載船舶相当量ノ
信號用榴彈火箭、烟管、救命焔弗ニシテ適当ニ格納セラレタ
ルモノヲ除ク外爆發質ノ物件ハ總テ之ヲ常用外ト看做ス
容易ニ燃燒スヘキ物件ハ船舶所用ノ目的ヲ證明シ得ルモノノ
外總テ之ヲ常用外ト看做ス
第二十三條　港內ニ於テ前條ニ規定セル爆發物若ハ容易ニ燃燒
スヘキ物件ヲ積卸セムトスル船舶ハ其ノ品名數量ヲ海務局ニ

ヨー0022　B列5　28字×10　南滿洲鐵道株式會社　(16. 6. 5,000冊 [illegible])

No.

一　艀舟及筏舟ヲ曳クトキハ曳船ノ船尾ヨリ最後ノ被曳船ノ船尾ニ至ルマテノ距離ハ晝間ニ在リテハ六十間夜間ニ在リテハ三十間ヲ超ユヘカラス

二　艀舟及筏舟ハ前條ノ距離ヲ超ヘサル限リ二隻宛並列シテ曳クコトヲ得

三　航洋船ヲ曳ク場合ハ二隻ヲ超ユヘカラス

第二十六條　碇泊中ノ船舶ハ其ノ後端ニ艀船、竹木其ノ他ノ物件ヲ繫留シ水路ノ妨害ヲナスヘカラス

外國軍艦ニ在テハ汽艇又ハ艀舟一隻ニ限リ繫留スルコトヲ得

但シ其ノ艦ノ幅ヲ超ヘサル限リ並列繫留ヲ妨ケス

No.

第二十七條　港内ニ於テ多数ノ竹木筏其ノ他ノ物件ヲ水上ニ船卸セムトスルトキ又ハ港内ニ繋留シ若ハ運行セムトスルトキハ海務局ノ許可ヲ受クヘシ

前項ノ場合ニ於テ夜間ハ海上衝突豫防法第五條及第十一條ノ規定ニ準シ燈火ヲ揭クヘシ

第二十八條　船舶ハ港内ニ於テ棧橋又ハ浮標ニ繋留スル場合ヲ除ク外總テ双錨ヲ投シテ碇泊スヘシ錨ニハ浮標ヲ附スヘカラス

第二十九條　汽艇、艀船、端舟及其ノ他ノ小廻船ハ航洋船ノ航路ヲ避クヘシ

No.

第三十條 港内運航中ノ船舶ハ針路ヲ保ツニ必要ナル速力ニ止ムヘシ

前項ノ船舶ハ總テ追越ヲナスヘカラス但シ汽艇其ノ他ノ小廻船ニシテ危險ノ虞ナキ場合ハ此ノ限ニ在ラス

第三十一條 港内ニ於テハ別ニ指定シタル区域ノ外許可ヲ受クルニ非サレハ漁撈採藻ヲナスコトヲ得ス

第三十二條 港内ニ於テ濫リニ水泳ヲナ~~サシメムトスルトキ~~スヘカラス但シ外國軍艦ハ此ノ限ニ在ラス

~~救助艇ニ竿ヲ樹テ之ニ救命浮標ヲ揚ケ其ノ救助艇ト言~~

一 外國軍艦ニシテ其ノ乗員ニ水泳ヲナサシメムトスルトキハ救助艇ニ竿ヲ樹テ之ニ救命浮標ヲ揚ケ其ノ救助艇ト該船ノ首尾

No.

トヲ接合シタル直線以内ヲ水泳区域トナスヘシ
船舶ハ水泳区域ヲ運航スヘカラス
第三十三條　繋留ノ為設置シタル浮標其ノ他営造物ノ外船舶其
ノ他ノ物件ヲ繋留スルコトヲ得ス
第三十四條　浮標、立標其ノ他ノ営造物ヲ毀損又ハ滅失セシメ
タルトキハ其ノ損害ハ船舶ニ在リテハ当該船長ヲシテ之ヲ辨
償セシム
第三十五條　港内海面及其ノ海岸並之ニ注入スル水流ニハ塵芥
其ノ他ノ物件ヲ投棄スルコトヲ得ス
船舶ニシテ塵芥灰燼其ノ他ノ物件ヲ處分スル為解船ヲ要スル

No.

トキハ萬国船舶信號ノ下旗ヲ又ハ藍ヲ揭クヘシ

前項浮船ニ要スル費用ハ船長ノ負擔トス

第三十六條　石炭其ノ他海底ニ堆積スヘキ虞アル物件ヲ積卸スルトキハ之ヲ水中ニ墜落セサルコトニ注意スヘシ

第三十七條　郵便物搭載ノ船舶ハ入港ノ時ヨリ郵便物陸揚ヲ終ルマテ郵便旗ヲ揭クヘシ

第三十八條　船舶ハ海務局吏員及警察官吏ノ臨檢ヲ拒ムコトヲ得ス

第三十九條　在港中ノ船舶ニシテ警察官吏ノ救援ヲ要スル場合ハ晝間ハ萬国船舶信號ノG旗ヲ揭ケ夜間ハ藍火又ハ閃火ヲ示

No.

スヘシ

第四十條　在港中ノ船舶ニシテ火ヲ失シタルトキハ時鐘若ハ之ニ類似ノ振鳴器ヲ連打シ又ハ汽笛ヲ連吹シ晝間ハ萬國船舶信號ノNM旗ヲ揚ケ夜間ハ號火、火箭等ヲ用ヒ見易キ發火信號ヲナシ且斷ヘス紅燈ヲ上下スヘシ

船舶危急ノ場合ニ遭遇シ救助ヲ要スルトキ亦同シ但シ晝間ハ萬國船舶信號ノNC旗ヲ揚クヘシ

第四十一條　海務局長ハ港内ニ於テ船舶ニ危害ヲ及ホスノ虞アル難破物委棄物其ノ他ノ物件ハ期間ヲ指定シ義務者ヲシテ之ヲ取除カシメ又ハ破壞セシムルコトヲ得

ヨ—0022　B列5　28字×10　南滿洲鐵道株式會社　(16. 6. 5,000冊 [illegible])

前項ノ場合ニ於テ義務者其ノ義務ヲ履行セサルトキハ海務局長自ラ之ヲ執行シ又ハ第三者ヲシテ執行セシメ其ノ費用ハ義務者ヨリ之ヲ徴收スルコトヲ得

第四十二條　本令中第十六條乃至第十九條第三十八條ノ規定ハ第一区及第二区ニ第六條乃至第十三條第二十六條第二十七條第二十九條第三十條第三十三條第三十四條第三十九條第四十條ノ規定ハ旅順港細則第七條ノ海面ニ第七條第十條乃至第十三條第十六條乃至第十九條第二十三條第三十七條乃至第四十條ノ規定ハ西港以外ノ第三区ニ之ヲ準用ス

第四十三條　本令中第二條第六條第一項第八條第九條第十五條

ヨ—0022　B列5　28字×10　南滿洲鐵道株式會社　(16. 6. 5,000冊 総川納)

No.

第十六條第二十條第二十八條第三十條第三十二條第三十三條第三十五條第三十六條ノ規定ハ外國ノ軍艦ニ之ヲ準用ス

第四十四條　外國ノ軍艦ニシテ本令第十五條第一號乃至第三號ノ事實アルモノ又ハ第十六條ノ患者ヲ發生シタルトキハ海務局長ハ艦長ト協議シ本令ノ規定ニ準シ處分スルモノトス

第四十五條　本令中第十條乃至第十三條ハ汽艇支那形船及其ノ他ノ小廻船ニ適用セス

第四十六條　旅順港境域内ニ於テ左ノ事項ヲ新営又ハ変更移轉セムトスル者ハ関東都督ノ許可ヲ受クヘシ

一　棧橋ノ架設及埠頭ノ築造

ヨ―0022　B列5　28字×10　南满洲鐵道株式會社　(16, 6, 5,000冊　細川納)

No.

二　該床ノ変更該川海面ノ埋立浚渫海岸ノ掘鑿及該岸ニ於ケル石垣ノ築造

三　道路運河溝渠隧道ノ開通及橋梁鉄道ノ架設

四　地盤ノ開鑿及埋築

五　森林ノ伐採

六　旅順港ノ水域内ニ發着スヘキ海運営業

七　浮標、立標其ノ他航路標識ノ設置

八　第一区第二区及西港ノ沿岸ニシテ水面又ハ海軍用地ヨリ距ル七百五十間以内ニ於ケル家屋倉庫及諸般ノ築造物ノ新築

第四十七條　本令ニ違反シタル者ハ二百圓以下ノ罰金又ハ科料

No. 24

ニ處ス

船舶ニ在リテハ前項ノ規定ハ船長又ハ船長ニ代リ其ノ職務ヲ行フ者ニ之ヲ適用ス

前項ニ據リ科シタル罰金又ハ科料ニ據リ負擔スヘキ費用ヲ完納スルカ又ハ相当ノ擔保物ヲ提供スルニアラサレハ其ノ船舶ノ出港ヲ許サス

附　則

本令ハ公布ノ日ヨリ之ヲ施行ス

（書式略）

ヨ—0022　B列5　28字×10　南満洲鐵道株式會社　(16. 6. 5,000冊 [illegible])

旅順港細則

明治四十三年七月一日

旅順鎮守府達令第十九号

No.　20270

旅順鎮守府法令

旅順港細則

明治四十三年七月一日

ヨ－0022　B列5　28字×10　南滿洲鐵道株式會社

No.

旅順港細則

明治四十三年七月一日

旅順鎮守府法令第十九號

旅順港細則左ノ通改正ス

旅順港細則

第一章 通則

第一條 本細則ニ於テ艦船ト稱スルハ艦艇、船舶、船舟ヲ謂ヒ艦艇ト稱スルハ軍艦、驅逐艦、水雷艇、潜水艇ヲ謂ヒ船舶ト稱スルハ艦艇ニアラサル排水噸數十五噸以上ノモノヲ謂ヒ船舟ト稱スルハ排水噸數十五噸ニ満タサル汽艇、端舟、艀舟其

ヲ－0322 B列5 28字×10 南滿洲鐵道株式會社 (16.6.5,000冊)

No.

ノ他一切ノ小舟ヲ謂フ

第二條　排水噸数十五噸以上ノ艦船ニシテ第一区ニ入ラムトスルモノハ鎮守府司令官ノ許可ヲ受クヘシ但シ入渠若ハ修理等ノ許可ヲ得タルモノ及海軍所属船舶船舟ニシテ荷物積卸ノ為ノ第一区ニ入ルモノニ限リ港務部長之ヲ處理スルコトヲ得

旅順港所在海軍各廳（部隊ヲ含ム以下同シ）所属ノ船舶船舟ハ第一区ニ入ルコトヲ得但シ港務部長ノ指示ニ従フヘシ

一区ニ入ラムトスルトキハ其ノ事由ヲ詳記シタル願書ヲ差出シ

ヲ鎮守府司令官ノ許可ヲ受クヘシ但シ両港ハ第廿條ノ論

面ニ入ラムトスル者ハ第二区ヲ通航スルモノハ此ノ限

第三條　海軍所属外ノ船舶第一区若ハ第二区ニ入ラムトスルト

No.

ナハ其ノ事由ヲ詳記シタル願書ヲ差出シ該ノ鎮守府司令長官ノ許可ヲ受クヘシ但シ西港及第七條ノ海面ニ入ラムカ為ノ第二区ヲ通航スルモノハ此ノ限ニ在ラス

海軍用物件ノ運搬ニ従事スルモノハ其ノ入港願書ニ関係官衙主任官ノ検印ヲ受クヘシ

海軍大臣ノ許可ヲ得タル船舶ハ本條願出ノ手續ヲ要セス

第四條　海軍所属外ノ船舶ニシテ第一区若ハ第二区ニ入ラムトスルモノノ許否ニ関シテハ港務部長ヲシテ之ヲ取扱ハシム其ノ入港手續ハ第三條ニ準ス但シ本細則中別ニ出入ヲ許可シアルモノハ此ノ限ニ在ラス

ヨ－0022　B列5　28字×10　南満洲鉄道株式会社　(16. 6. 5,000冊 [illegible])

No.

第五條　前二條ノ船舶船舟第一区及第二区（第七條ノ海面ヲ除ク）ヨリ出テムトスルトキハ豫メ港務部ニ届書ヲ出スヘシ其ノ入港ノ事由海軍用物件ノ運搬ニアリシトキハ関係官衙主任官ノ検印ヲ要ス

第六條　第二区沿岸居住民所有ノ船舟ハ許可ナクシテ其ノ居住地前面ニ出入スルコトヲ得

第七條　船舶及船舟ハ第二区ノ別図第一第二標示ヲ連結シタル想像線以北ノ海面ニ限リ自由ニ錨泊スルコトヲ得但シ必要ニ應シ其ノ区域ヲ変更スルコトアルヘシ

第八條　海軍所屬外ノ船舶船舟ハ旅順港水域内ニ出入スルニ当

ヨ－0022　B列5　28字×10　南滿洲鐵道株式會社

リ港務部職員ノ尋問アラハ一切ノ事由ヲ明示スヘシ

第九條　旅順鎮守府所属ニアラサル海軍所属艦船ハ其ノ来港ノ事由及滞泊日数等重ナル事項ヲ速ニ鎮守府ニ通知スヘシ

第十條　艦船旅順港ニ出入ノ際事故ノ為メ一時第二区ニ假泊シタルモノハ信號又ハ便宜ノ方法ヲ以テ其ノ旨港務部長ニ届出ツヘシ出港ノ際假泊シタルモノ亦同シ

第十一條　必要ナル場合ニ当リテハ一時艦船ノ第一区及第二区ニ入ルコトヲ拒絶スルコトアルヘシ但シ緊急ヲ要スルトキハ港務部長ヲシテ之ヲ専行セシム

第十二條　旅順港ノ境域区劃等ヲ表示スル標石、標木、標札又

No.

ハ繋船ノ目的ニ供セサル浮標等ニハ一切觸接スルコトヲ禁ス

第十三條　旅順港境域内ニアル海軍所属ノ桟橋、埠頭及旅順港規則第十三條ニ掲ケル諸標等ヲ毀壊傾倒シタル者ハ速ニ港務部ニ届出ツヘシ又之ヲ發見シタル者ハ港務部ニ通知スヘシ

第十四條　旅順港境域内ニ於テ海軍所有ト思考シ得ル遺失物、埋藏物、漂流物及沈設物品ヲ發見シ又ハ拾得シタル者ハ速ニ港務部ニ通知スヘシ

第十五條　旅順港規則ニ掲ケル禁止事項違反嫌疑者ヲ發見シタル者ハ何人ニ限ラス其ノ行為ニ注意シ速ニ鎮守府若ハ最寄要兵又ハ警察官ニ通知スヘシ

ヨ−0022　B列5　28字×10　南滿洲鐵道株式會社　(16. 6. 5,000冊)

No.

第十六條 外國軍艦ハ艦外ニ於テ演習若ハ操練ヲ為スコトヲ得
ス

第十七條 外國艦船ノ乗員ハ葬儀執行等ノ場合ニ於テ鎮守府司
令長官ノ許可ヲ得ルトキノ外武装シテ上陸スルコトヲ得ス但
シ准士官以上及其ノ服装ニ帯剣ノ制アルモノハ此ノ限ニ在ラス

第十八條 外國艦船ハ陸上火災ノ場合ニ於テハ防火隊ヲ出ササ
ルヲ例トス

第十九條 第一區及第二區ヲ錨泊又ハ繋留スル艦船ニシテ汽機
汽罐等修理ノ為メ十二時間以内ニ運航スルコト能ハサル工事
ヲナサムトスルトキハ豫メ着手及竣工期日ヲ港務部ニ通知ス

No.

ヘシ

第二十條　第一区第二区及西港ニ於テハ港務部長ノ承認ヲ得ス
シテ探海燈及之ニ類スル演習ヲナシ又ハ錨、網、潜水器等
ヲ用ヒ海中ヲ掃海（探）スヘカラス

第二十一條　第一区及第二区ニ於テハ港務部長ノ指示スル区域
外ニ於テ水泳スルコトヲ禁ス但シ老虎尾水道以南ノ海面ハ此
ノ限ニ在ラス

第二十二條　第一区第二区ニ在泊スル艦船及西港ニ在泊スル海
軍所属ノ艦船ニ於テ其ノ乗員ニ水泳ヲナサシメムトスルトキ
ハ救助艇ニ竿ヲ樹テ之ニ救命浮標ヲ掲ケ其ノ救助艇ト該艦船

ヨ－0022　B列5.　28字×10　南満洲鐵道株式會社　(16. 6. 5,000冊)

No.

ノ首尾トヲ接合シタル直線以内ヲ水泳区域トナスヘシ

陸岸ヨリ水泳ヲナス場合ニハ適用シ得ラルル限リ前項ニ準スヘシ

第二十三條　艦船ハ前條ノ水泳区域以内ヲ運航スヘカラス

第二十四條　第一区ニ在ル艦船及西港ニ在ル海軍所属ノ艦船ハ後部ニ二隻以上ノ船舟ヲ連繫スヘカラス但シ其ノ艇船ノ幅ヲ超エサル限リ並列シテ繫クコトヲ得

第二十五條　第一区ニ在ル艦船ハ總テ「スウヰンギングブーム」ヲ出スヘカラス

第二十六條　石炭其ノ他海底ニ堆積スルノ虞アル物件ヲ積卸シ

No.

スルトキハ之ヲ水中ニ墜落セサルコトニ注意スヘシ

第二十七條　海軍所屬艦船ノ汚棄物ヲ蒐集スル爲ノ港務部ヨリ船舟ヲ出シ毎日午前八時ヨリ同十時迄及午後二時ヨリ同四時迄ノ間ニ於テ巡回セシム

前項ノ塵芥船ニハ標識トシテ圓板(白)ヲ灰燼舟ニハ同(赤)ヲ揭ケシム

艦船ニ於テハ豫メ準備シ置キ該船舟ヲシテ永ク停留セシムヘカラス

第二章　出入港ニ関スル事項

第二十八條　出港旗及入港旗ヲ左ノ如ク定ム

No.

出港旗

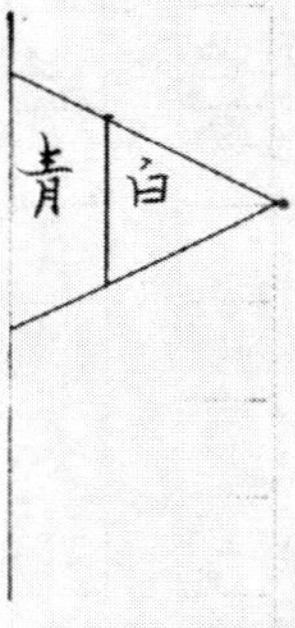

入港旗

第二十九條 老虎尾水道以北ニ入港セムトスル艦船ハ黄金山信號所ノ旗竿ニ出港旗ノ揭揚シアル間ハ同水道以南ニ於テ航路ノ妨碍トナラサル位置ニ待チ合スヘシ

第三十條 老虎尾水道以北ヨリ出港セムトスル艦船ハ黄金山信號所ノ旗竿ニ入港旗ノ揭揚シアル間ハ出港スルコトヲ禁ス

第三十一條 二隻以上ノ艦艇、船舶同時ニ老虎尾水道以北ニ入港セムトスルトキハ黄金山信號所ハ旗竿ニ入港旗ト共ニ符字信號ヲ揭ケラレタル艦船ヨリ入港スヘシ

No.

第三十二條　二隻以上ノ艦艇、船舶同時ニ老虎尾水道以外ヨリ出港セムトスルトキハ黄金山信號所ノ旗竿ニ出港旗ト共ニ符字信號ヲ揭ケラレタル艦船ヨリ順次ニ出港スヘシ

第三十三條　艦船ハ黄金山信號所ノ旗竿ニ萬出船舶信號ノB旗ヲ揭揚シアル間ハ老虎尾水道ヲ出入スルコトヲ禁ス又港務部廳舎前ノ旗竿ニ同旗ヲ揭揚シアル間ハ指定セラレシ艦船ノ外一切第一區ニ出入スルコトヲ禁ス

第三十四條　老虎尾水道以外ニ入港セムトスル艦艇、船舶ニシテ日没後到達シタルモノハ日出迄同水道以南ニ於テ航路ヲ避ケ假泊スヘシ但シ特ニ港務部長ノ承認ヲ受ケタルモノハ此ノ

ヨ—0022　B列5　28字×10　南滿洲鐵道株式會社　(16. 6. 5,000冊 紙用版)

No.

限ニ在ラス

第三十五條　船舟ハ老虎尾水道ヲ通過スル艦艇、船舶ニ対シ其ノ航路ヲ譲ルヘシ

第三十六條　海軍所属艦船入港ノ際旅順港規則第四條ニ依リ符字信号ヲ揭揚スルトキハ黄金山信号所ハ之ニ應答スヘシ艦船ハ此ノ應答ヲ見テ符字信号ヲ降下スルモノトス

第三章　繋泊及運轉ニ関スル事項

第三十七條　第一區ニ於テ艦船ヲ陸岸ニ繋維、離脱、出入渠及出渠後ニ於ケル繋留事業ハ港務部ノ所掌トス但シ該艦船ノ乗員ハ之ニ関シ充分ナル補助ヲナスヘシ

No.

第三十八條　海軍所属ノ浮標ニ繋留セル艦船天候其ノ他事故ノ為メ錨ヲ投下セムトスルトキハ先ツ錨鎖ヲ延ハシ該浮標ヲ維持スル錨ニ害ヲ及ホサヽルニ至リテ投錨スヘシ

第三十九條　艦船海軍所属ノ浮標ニ繋留ノ際試運轉ヲナストキハ必ス微速力ヲ以テシ繋留錨鎖ヲ緊張セサルコトニ注意スヘシ

第四十條　第一項第二項ニ在泊スル艦船及西港ニ在泊スル海軍所属ノ艦船ニ於テ曳船ヲナスニハ特ニ港務部長ノ承認ヲ得タルトキノ外左ノ制限ニ従フヘシ

一　端舟及荷舟ヲ曳クトキハ曳船ノ船尾ヨリ最後ノ被曳船ノ

船尾ニ至ル迄ノ距離ハ晝間ニ在リテハ六十間夜間ニ在リテハ三十間ヲ超ユヘカラス

二　端舟及荷舟ハ前錨ノ距離ヲ超エサル限リ二隻宛並列シテ曳クコトヲ得

三　航洋船ヲ曳クトキハ一隻ヲ超ユヘカラス

第四十一條　第七條ノ錨泊区域ニ在ル艦船及両港ニ錨泊スル海軍所属ノ艦艇ハ必ス雙錨泊ヲナスヘシ

第四十二條　第一区第二区ニ錨泊スル艦船及両港ニ錨泊スル海軍所属ノ艦船ハ錨ニ浮標ヲ附スヘカラス

第四章　上陸場其ノ他陸岸ニ関スル事項

No.

第四十三條　海軍々人軍屬及鎮守府司令長官ノ許可ヲ得タルモノノ外左記埠頭ヨリ上陸乘船スルコトヲ禁ス但シ第一埠頭第七埠頭ニ限リ海軍々人軍屬以外ノモノト雖港務部長ノ承認ヲ得テ上陸乘船スルコトヲ得

第一埠頭　港務部前　第二埠頭　老虎尾船台前
第三埠頭　老虎尾旧砲台下　第四埠頭　老虎尾消毒所下
第五埠頭　饅子営火薬庫下　第六埠頭　魚雷営倉庫下
第七埠頭　海軍病院下

第四十四條　前條ノ埠頭ニハ上陸乘船若ハ物件積卸ノトキノ外船舟ヲ繋維スヘカラス

No.

第四十五條　港務部長ノ承認ヲ受クルニアラサレハ第一区沿岸ヨリ上陸スルコトヲ禁ス但シ沿岸使用廳ニ所用アルモノ及同廳所屬ノ船舶ニ乗船スルモノハ此ノ限ニ在ラス

第四十六條　第一区沿岸ニ於テハ該沿岸使用ノ関係官衙ノ承認ヲ得スシテ船舶ヲ陸揚シ又ハ物品ヲ集積スヘカラス

第四十七條　第二区ニ於テハ第七條ノ区域内沿岸及老虎尾燈台以南叢家屯李家屯郭家屯ノ前海岸ノ外ハ港務部長ノ承認ヲ得スシテ上陸若ハ船舶ヲ着岸スルコトヲ禁ス

第四十八條　西港及老虎尾半島ノ沿岸ニ於ケル海軍用地ニ上陸若ハ艦船ヲ着岸スルコトヲ禁ス但シ海軍所属艦船及鎮守府司

ヨ—0022　B列5　28字×10　南満洲鐵道株式會社　(16. 6. 5,000冊 [illegible])

No.

令長官ノ特許アルモノハ此ノ限ニ在ラス

第五章　通信々號ニ関スル事項

第四十九條　黄金山信號所及東港入口北側ニアル見張所ヲシテ海陸ノ通信ニ任セシム

第五十條　海軍所屬ノ艦船ヨリ通信ノ為黄金山信號所ヲ呼称スルニハ萬國船舶信號ノ旗ヲ揭揚スヘシ

第五十一條　海軍所屬ニアラサル艦船ヨリ黄金山信號所ニ向テナス信號ハ總テ萬國船舶信號法ニ依ル

第五十二條　艦船ト鎮守府各廳間ハ黄金山信號所ヲ介シ通信ヲナスコトヲ得

ヨ—0022　B列5　28字×10　南滿洲鐵道株式會社　(16. 6. 5,000冊 ……)

No.

第五十三條　艦船ノ乗員陸上ニ在テ至急ヲ要スル重要事件發生シタルトキハ港務部ニ依頼シ之ヲ其ノ艦船ニ通信スルコトヲ得

第五十四條　艦船火ヲ失シタルトキハ時鐘若ハ之ニ類似ノ振鳴器ヲ連打シ又ハ汽笛ヲ連吹シ晝間ハ萬國船舶信號NM旗ヲ掲ケ夜間ハ號火火箭等ヲ用ヒ最モ見易キ發火信號ヲナシ且ツ斷エス紅燈ヲ上下スヘシ

艦船危急ノ場合ニ遭遇シ救助ヲ要スルトキ亦同シ晝間ハ萬國船舶信號NC旗ヲ掲クヘシ

第五十五條　鎮守府各廳ヨリ第二区及西港ニ在泊スル海軍所属

No.

ノ艦船ニ文書及軽易ノ物品ヲ送達セシムル為メ港務部長ニ通信船ヲ置ク

通信船ニハ標識トシテ白地ニ赤ノ蛇ノ目ヲ畫キタル旒ヲ艇首ニ揚ク

第五十六條　海軍所屬ノ艦船ニ於テ傭入レタル船舟ニハ見易キ一定ノ旗章ヲ揚ケシムヘシ此ノ旗章ハ豫メ港務部長ニ通知シ置クコトヲ要ス

第五十七條　鎮守府各廳竝第一區ニ繫泊中ノ艦船ニシテ船舟ヲ使役セムトスルトキハ之ニ揚クル旗章ヲ定メ港務部長ノ承認ヲ受クヘシ

No.

第六章　取締ニ関スル事項

第五十八條　黄金山信號所及東港入口北側ニ在ル見張所ヲシテ旅順港ノ監視ニ任セシメ又港務部ニ巡邏船ヲ置キ港内ヲ巡邏警戒セシム其ノ方法ハ港務部長之ヲ定ム

第五十九條　何人ト雖公務ノ外鎮守府司令長官ノ許可ナクシテ火薬庫及防禦営造物ニ接近スヘカラス

第六十條　爆發物其ノ他燃燒シ易キ物件ヲ積載スル艦船ハ鎮守府司令長官ノ許可ナクシテ第一区ニ入ルコトヲ得ス

第六十一條　前條ノ許可ヲ得テ第一区ニ入リタル艦船ト雖入渠又ハ陸岸ニ繋留セムトスルトキハ總テ積載危険物ヲ卸スヘシ

但シ特ニ鎮守府司令長官ノ許可アリタルモノハ此ノ限ニ在ラス

第六十二條 第一区ニ於テ爆發物其ノ他ノ危険物ヲ積卸セムトスル艦船ハ鎮守府司令長官ノ許可ヲ受クヘシ

第六十三條 旅順港水域内ニ於テ左記各號ノ一ニ該当スル艦船ハ航行又ハ碇泊ノ如何ニ関セス晝間ハ萬國船舶信號B旗ヲ檣頭若ハ桁端ニ揭ケ夜間ハ紅燈一箇ヲ周囲ヨリ見易キ處ニ揭クヘシ但シ檣ヲ備ヘサル船舶ハB旗若ハ紅燈ヲ長竿ニ揭クヘシ

一 制規ノ格納所以外ニ爆發物其ノ他ノ危険物ヲ積載スル艦艇

No.

二　現ニ爆發物其ノ他ノ危険物ヲ積卸スル艦船

三　爆發物其ノ他ノ危険物ヲ積載スル船舶及船舟

第六十四條　前條第一號乃至第三號ニ該当スル艦船ハ鎮守府司令長官ノ許可ナクシテ第二区ヲ通過スルコトヲ得ス

第六十五條　船舶信號用等ノ為ニ備フル火薬、雷管、火箭、號火、救命火箭等ニシテ安全ナル方法ヲ以テ適当ニ格納シアルモノハ第六十條第六十三條及第六十四條ニ據ルノ限ニ在ラス

第六十六條　第一区ニ於テハ特ニ鎮守府司令長官ノ命ナクシテ礼砲、號砲又ハ銃發ヲナスコトヲ得ス

第六十七條　左記各號ノ区域外ニ於テハ鉱業、土木及狩獵ノ目

No.

的ヲ以テスルモノニ限リ火器若ハ爆發物ノ發射發火ヲナスコトヲ得

一　第一区第二区及西港ノ水面

二　第一区第二区及西港ノ沿岸ニ沿テ水面（滿潮面）ヲ距ル七十五間以内ノ陸地

三　海軍用地及之ヲ距ル七十五間以内ノ陸地及水面

四　火藥庫ヲ距ル百三十間以内ノ陸地及水面

五　特ニ禁制ノ掲示アル場所

第六十八條　前條各號ノ区域ヲ除キタル旅順港境域内及練兵場ニ於テハ演習ノ目的ヲ以テスルモノニ限リ銃砲、水雷其他爆

No.

發物ノ發射發火ヲナスコトヲ得但シ豫メ鎮守府司令長官ニ届出テ且充分ナル注意ヲナシ他ニ危害ヲ及ホスコトアルヘカラス

第六十九條 火氣ヲ有スル船舶ニシテ萬國船舶信號Ｂ旗ヲ揭揚スル艦船ノ近傍ヲ運航スル場合ニハ安全ナル距離ヲ保チ成ルヘク風下側ヲ航行スヘシ若シ已ムヲ得ス風上側ヲ運航スル場合ニハ充分安全ナル距離ヲ保ツコトニ注意スヘシ

第七十條 彈丸、火藥其ノ他火工品等ヲ運航（搬）スル船舶ハ工作部長ノ承認ヲ得ルニアラサレハ火藥庫ヲ距ル百三十間以內ニ接近スルコトヲ得ス

No.

第七十一條　第二、三及第七條ノ海面ニ於テハ艦船ノ操從ヲ妨ケサル限リ漁業採藻ヲナスコトヲ得ス但シ場合ニ依リ禁止スルコトアルヘシ

第七章　衛生及検疫ニ関スル事項

第七十二條　本細則ニ於テ傳染病ト稱スルハ虎列拉、赤痢、腸窒扶斯、パラ窒扶斯、痘瘡、發疹窒扶斯、猩紅熱、實布垤利亜、ペスト、再歸熱及麻疹ヲ謂フ

前項以外ノ傳染病ニシテ鎮守府司令長官必要ト認ムルモノアルトキハ更ニ之ヲ指定シ本細則ヲ適用ス

第七十三條　旅順港ニ入ル海軍所属ノ艦船ハ入港後直ニ其ノ衛

No.

生状況ヲ鎮守府司令長官ニ報告スヘシ但シ出港後七日以内ニ再ヒ入港シ衛生状況ニ異変ナキモノハ之ヲ省略スルコトヲ得

第七十四條 旅順港水域及之ニ注入スル河川溝渠ニハ傳染病者ノ排泄物、病毒汚染ノ疑アル物品其ノ他健康ニ害アル一切ノ物件ヲ投棄スルコトヲ禁ス

第七十五條 旅順港ニ在泊スル海軍所属ノ艦船ニ於テ急病者アルトキハ直ニ其ノ状況ヲ鎮守府ニ報告スヘシ

第七十六條 旅順港ニ在泊スル海軍所属ノ艦船以外ニ虎列拉、痘瘡、猩紅熱及ペスト患者ハ是等ノ疑似症ヲ發生シタルトキハ直ニ信號ヲ以テ鎮守府ニ報告シ検疫信號ヲ揭ケ一切ノ交通ヲ遮

断ニ鎮守府司令官ノ指揮ヲ待ツヘシ
検疫信號ハ晝間ハ萬国船舶信號Q旗ヲ揚ケ夜間ハ紅白二燈
ヲ上下ニ連揚スルモノトス
第七十七條　旅順港ニ在泊スル海軍所属ノ艦船内ニ前條以外ノ
傳染病ヲ發生シタルトキハ直ニ乗組軍醫官若ハ士官ヲ鎮守府
ニ派シ其ノ景況ヲ報告スヘシ
在泊ノ艦船ハ病況ニ依リ交通ヲ遮断セシメ若ハ錨地ヲ轉セシ
ムルコトアルヘシ此ノ場合ニ於テハ検疫信號ヲ揚クルモノト
ス
第七十八條　旅順港ニ入ラムトスル海軍所属ノ艦船ニシテ左ノ

No.

各船ノ一ニ該當スルモノハ港外三浬ノ地ヨリ檢疫信號ヲ掲ケ第三區ニ假泊シ鎭安府司令長官ノ指揮ヲ待ツヘシ

一　現ニ第七十六條第一項ノ患者若ハ死者アルモノ

二　前號ノ患者若ハ死者アリタルモノ及同病流行地ヲ發シ若ハ經由シ又ハ同病毒ニ汚染シタル他艦船ト交通シタルモノニシテ消毒ヲ終ラサルモノ

第七十九條　該鎭港ニ入ラムトスル海軍所屬ノ艦船ニシテ第七十六條第一項以外ノ傳染病、同疑似症患者若ハ死者アルトキハ投錨後直ニ其ノ旨ヲ鎭安府司令長官ニ報告シ命ヲ待ツヘシ

第八十條　該鎭港地方ニ於テ傳染病流行ノ際来港スル海軍所屬

No.

艦船ニ対シ地方ノ不健康ヲ知ラシムルタメ該艦船ノ投錨若ハ
繋留後約十分間黄金山信號所旗竿ニ検疫信號ヲ掲ケシム
第八十一條　消毒並隔離中ノ海軍所属ノ艦船ハ検疫信號ヲ掲ク
ヘシ但シ本信號ヲ掲クルヲ得サル船舟ハ標札其ノ他便宜ノ方
法ヲ以テ之ニ換ユルコトヲ得
第八十二條　検疫信號ヲ掲クル海軍所属艦船ノ乗員鎮守府司令
長官ノ命令若ハ許可ヲ得テ鎮守府其ノ他ニ至ルトキハ其ノ乗
用船舟ニモ同信號ヲ掲ケ且ツ船舟員ヲシテ他ノ艦船又陸上ト交
通セシムヘカラス
第八十三條　旅順港境域内ニ在ル海軍諸官衙等ハ出来得ル限リ

No. 31

本章ノ規定ニ準據スヘシ

（別図略）

ヨ—0022　B列5　28字×10　南滿洲鐵道株式會社　(14. 6. 5,000冊 舘川納)

旅順港規則

明治四十三年七月一日

海軍省令第三号

(17)

20271

海軍省令第二號

旅順港規則

明治四十三年七月一日

No.

旅順港規則

明治四十三年七月一日

海軍省令第三號

旅順港規則左ノ通改正ス

旅順港規則

第一條　旅順港ノ水域ハ之ヲ三区ニ分チ別図黒一線以内ヲ第一区ト稱シ第一区以外黒二線以内ヲ第二区ト稱ス第一区第二区以外ヲ總テ第三区ト稱ス西港ハ第三区トス

第二條　西港ニハ外國艦船入港スルコトヲ得

西港以外ノ第三区ニ於テハ航路ノ妨トナラサル限リハ艦船自

ヨ－0022　B列5　28字×10　南満洲鐵道株式會社

No.

由ニ碇泊スルコトヲ得但シ爆發物若ハ燃燒シ易キ物件ヲ積載スル艦船ハ港務部長特ニ其ノ錨地ヲ指示スルコトアルヘシ

第三條　第一区第二区ニハ海軍所屬ノ艦船ニアラサレハ鎮守府司令長官ノ許可ナクシテ入ルコトヲ得ス但シ第三区ヨリ第二区ヲ通過シ直ニ第三区ニ移ル所ノ艦船ハ此ノ限ニ在ラス

海軍所屬ノ艦船ト雖排水噸數十五噸以上ノモノニシテ第一区ニ入ラムトスルトキハ鎮守府司令長官ノ許可ヲ受クヘシ

第四條　旅順港ニ入ラムトスル艦船ハ旅順港水域外約三海里ノ所ヨリ投錨若ハ繫止スル地點マテ萬國船舶信號ニ依リ各自ノ艦船名ヲ表示スヘシ但シ鎮守府司令長官其ノ必要ナシト認メ

No.

其ノ旨豫メ通知シタルモノハ此ノ限ニ在ラス

第五條　旅順港水域及其ノ以外約三海里以内ノ水面ニ繫泊シ若ハ運航スル艦船ハ特別ノ規定アルモノノ外其ノ國籍ヲ表明スル旗章ヲ揭揚スヘシ

第六條　旅順港水域及其ノ以外約三海里以内ノ水面ニ繫泊シ若ハ運航スル艦船ハ日没ヨリ日出マテ海上衝突豫防ニ關スル法令ニ規定シタル各種ノ船燈ヲ揭クヘシ

第七條　以外各地ヨリ入港スル艦船ニシテ海港檢疫法第四條第一項ノ各號ニ該当スル場合ニ於テ檢疫又ハ消毒ヲ終ラサルモノハ鎮守府司令長官ノ許可ヲ得ルニアラサレハ第一區第二區

コ－0022　B列5　28字×10　南滿洲鐵道株式會社　(16. 6. 3,000冊 [illegible])

No.

及西港ノ海面ニ入ルコトヲ許サス又第一区第二区及西港ノ海面ニ於テ傳染病患者ヲ發シタル艦船ハ検疫信號ヲ揭ケテ鎮守府司令長官ノ指揮ヲ俟ツヘシ

前項ノ場合ニ於テ海軍所属ニアラサル艦船ノ検疫ニ関シテハ関東都督府ノ定ムル所ニ依ル

第八條　西港ノ海面ニ出入スル海軍所属ニアラサル五百噸以上ノ艦船ハ入港ニ際シテハ第二区ニ入ル前ヨリ泊地ニ就クマテ出港ニ際シテハ其ノ泊地ヲ離ルルトキヨリ第二区ヲ出テ終ルマテ水先案内ヲ取ルヲ要ス但シ鎮守府司令長官其ノ必要ナシト認メ其ノ旨豫メ通知シタルモノハ此ノ限ニ在ラス

No.

前項ノ水先人ハ海軍豫備役軍人ニシテ鎮守府司令長官ノ検定ヲ経タルモノナルヲ要ス

水先人ニ関スル規程ハ関東都督ノ定ムル所ニ依ル

第九條 第一区第二区及西港ノ海面ニ於ケル艦船ノ進退ハ排水噸以下ノ船舟ヲ除クノ外總テ港務部長ノ指示ニ從フヘシ但シ天災其ノ他不時ノ事故ニ依リ其ノ指示ヲ待ツ能ハサル場合ニハ此ノ限ニ在ラス

前項中西港ノ海面ニ於ケル海軍所属ニアラサル艦船ノ進退ニ関シテハ関東都督ノ定ムル所ニ依ル

第十條 鎮守府司令長官ハ必要ナル場合ニハ在港艦船ニ錨地ノ

変換其ノ他ノ處置ヲ命スルコトヲ得

第十一條　鎮守府司令長官ハ第一區ニ入リ又ハ入ラムトスル艦船ノ積載物中危險ト認ムルモノアルトキハ之ヲ卸サシムルコトヲ得

第十二條　旅順港境域内ニ於テハ礼砲弔砲及鎮守府司令長官ノ許可ヲ得タルモノノ外火器若ハ爆發物ノ發射發火ヲ禁ス但シ公私ノ家屋建造物ヲ距ルコト七十五間以内ニ於テハ礼砲弔砲ト雖特ニ鎮守府司令長官ノ許可ヲ得ルニアラサレハ一切發射發火ヲ爲スコトヲ許サス

前項ノ禁制ハ海軍用地及水域外ニ於テ陸軍官憲ノ施行スル射

No.

撃演習等ニ関シテハ之ヲ適用セス

第十四條　第一区第二区ノ海面ニ於テハ鎮守府司令長官ノ許可ヲ得スシテ漁猟採藻ヲナスヘカラス

第十五條　第一区第二区ノ海面及其ノ海岸並之ニ注入スル水流ニハ鎮守府司令長官ノ許可ヲ得ルニアラサレハ一切ノ物件ヲ委棄スルコトヲ禁ス

鎮守府司令長官ハ必要アリト認ムルトキハ西港以外ノ第三区及其ノ海岸ニ物件ノ委棄ヲ禁シ臨時委棄ノ場所ヲ指示スルコトヲ得

艦船若シ其ノ委棄スヘキモノヲ自ラ處分スルコト能ハサルト

ヨ－0022　B列5　28字×10　南滿洲鐵道株式會社　(16.6.5,000冊)

No.

ニ於テハ海軍艦船ニ在リテハ港務部ニ其ノ處分ヲ請求スヘシ海軍所屬ニアラサル艦船ニ在リテハ關東都督ノ定ムル所ニ依ル

第十六條　鎮守府司令長官ハ旅順港水域内ニ於ケル有害ナル難破物若ハ其ノ他ノ物件ハ原因ノ如何ニ関セス其ノ義務者ヲシテ之ヲ指定ノ期限内ニ除去セシムルコトヲ得其ノ義務者之ヲ除去セサルトキ若ハ指定ノ期限内ニ終了スル見込ナキトキハ鎮守府司令長官ハ自ラ之ヲ除去若ハ破壊シ又ハ第三者ヲシテ之ヲ除去若ハ破壊セシメ其ノ費用ヲ義務者ヨリ徴收スルコトヲ得

其ノ義務者不明ナルトキハ鎮守府司令長官ハ之ヲ除去若ハ破

No.

壊スルコトヲ得

西港内ニ於ケル有害ナル難破物委棄物又ハ其ノ物件ノ處分ニ付テハ關東都督ノ定ムル所ニ依ル

第十七條　旅順港境域内ニ於テ左ニ揭クル諸項ノ新營若ハ變更ニ關シテハ鎮守府司令長官ハ關東都督ノ協議ヲ受クルモノトス

一　棧橋ノ架設、埠頭ノ築造

二　河床ノ變更、河川海面ノ埋立浚渫、海岸ノ掘鑿、海岸ニ於ケル石垣ノ築造

三　道路運河溝渠隧道ノ開通、橋梁鐵道ノ架設

ヨ−0022　B列5　28字×10　南滿洲鐵道株式會社　(16. 6. 5,000冊 [illegible])

No.

四　地盤ノ開鑿及埋築

五　森林ノ伐採

六、旅順港ノ水域内ニ發着スヘキ海運ノ営業

七　浮標立標其ノ他航路標識ノ設置

八　第一区第二区及西港ノ沿岸ニシテ水面若ハ海岸地ヲ距ル七百五十間以内ニ於ケル家屋倉庫及諸般ノ築造物ノ新築

第十九條　鎮守府司令長官ノ許可ヲ得スシテ旅順港境域内水陸ノ形状ヲ測量、撮影、模写、録取シ又ハ地理案内書等図書ヲ發行スルヲ禁ス但シ艦船運航ノ際行船ニ必要ナル錨測ハ此ノ限ニ在ラス

No.

第二十條　前條ノ禁制ハ鉄道用地及水域外ニ於テ陸軍官憲ノ施行スルモノニ適用セス

第二十一條　鎮守府司令長官ハ旅順港境域内ニ於テ兵備ノ状況其ノ他地形等ヲ視察スル者ト認メタルトキハ之ヲ旅順港境域外ニ退去ヲ命スルコトヲ得

第二十二條　鎮守府司令長官ハ鉄道用地ニ接近スル一般公路ニ於テ取締上必要ト認ムルトキハ関東都督ニ協議シ一般人民ノ通行ニ制限ヲ置クコトヲ得

鎮守府司令官ハ鉄道用地ノ内取締上差支ナシト認ムル区域ニ限リ一般人民ニ通行ヲ許スコトヲ得

No.

第二十三條　旅順港ノ境域並其ノ区劃等ヲ表示スル標石、標杙標孔ノ類若ハ其ノ水域内ニ設クル浮標等ヲ移轉シ又ハ之ヲ毀壊スルコトヲ禁ス

第二十四條　旅順港ノ取締ニ関スル細則ハ鎮守府司令長官関東都督ニ協議シテ之ヲ定ム

附則

本則ハ発布ノ日ヨリ之ヲ施行ス

旅順鎮守府司令官ハ当分ノ内関東都督府ノ請求アルトキハ旅順海軍港務部員ヲシテ旅順港ニ於ケル水路ノ嚮導ヲ為サシムルコトヲ得

旅順港細則

昭和八年四月二十日
旅順要港部司令官制定

No. 20276

21

旅順要港部司令官制定

旅順港取締規則（現行）

昭和八年四月二十日

ヨ—0022　B列5　28字×10　南滿洲鐵道株式會社

No.

旅順港細則

昭和八年四月二十日
旅順要港部司令官制定

第一章　通則

第一條　本細則ハ旅順港規則ニヨリ旅順港取締ニ関スル細項ヲ規定ス

第二條　本細則ニ於テ艦船ト稱スルハ内外國ノ艦艇、特務艦艇、雜役船其ノ他大小各種ノ船舶、船舟ヲ謂ヒ船舶ト稱スルハ艦艇、特務艦艇ヲ除キタル排水量十五屯以上ノモノヲ謂ヒ船舟ト稱スルハ排水量十五屯未滿ノ機動艇荷船、艀船其ノ他一切ノ小舟艇ヲ謂フ。

第三條　海軍所屬以外ノ船舶及船舟第一区若ハ第二区ニ入ラントスルトキハ海軍大臣ノ認許ヲ得タルモノヲ除クノ外其ノ事

番―0022　B列5　28字×10　南滿洲鐵道株式會社

No.

由ヲ詳記シタル願書ヲ差出シ豫メ船舶ニアリテハ安港部司令官ノ、船舟ニ在リテハ安港部港務部長（以下港務部長ト稱ス）ノ許可ヲ受クベシ但シ西港部第七條ノ海面ニ入ランガ為第二区ヲ運航スルモノ及本細則中別ニ出入ヲ許可シアルモノハ此ノ限ニ在ラズ

前項ノ船舶及船舟ノ入港ノ事由ニシテ軍隊ノ輸送、官用物品ノ運搬等ニ在ルトキハ其ノ入港願書ニ関係官衙ノ證明ヲ受ケ又ハ該主任官ヲ経テ入港願書ヲ差出スベシ

第四條　前條ノ船舶及船舟第一区及第二区（第七條ノ海面ヲ除ク）ヨリ出デントスルトキハ豫メ港務部長ニ通知スベシ但シ

No.

其ノ入港ノ事由軍隊の輸送、官物物品ノ運搬ニ在リシトキハ出港通知書ニ関係官衙主任官ノ捺印ヲ受ケ又ハ該主任官ヲ經テ出港通知書ヲ差出スベシ

第五條　第一区入泊ノ艦船ニ對シテハ必要ト認ムル場合要港部司令官ニ於テ其ノ事由ヲ申請セシムルコトアルベシ

第六條　第二区及西港沿岸居住民所有ノ船舟ハ許可ナクシテ其ノ居住地前海面ニ出入スルコトヲ得

第七條　艀船及船舟ハ第二区内別圖第一、第二標木ヲ連結シタル想像線以北ノ海面ニ限自由ニ錨泊スルコトヲ得但シ必要ニ應ジ要港部司令官ハ其ノ区域ヲ変更スルコトアルベシ

ヨ－0022　B列5　28字×10　南滿洲鐵道株式會社　(16. 6. 5,000冊 鮎川總)

No.

第八條 船舶及船舟ハ旅順港水域ニ出入スルニ當リ要港部港務部所属員ノ尋問アラバ一切ノ事由ヲ明示スベシ。

第九條 旅順要港部所属ニ非ザル海軍所属艦船ハ其ノ来港ノ事由及滞泊日數等重ナル事項ヲ速ニ要港部ニ通知スベシ。

第十條 艦船旅順港ニ出入ノ際事故ノ為一時第二区ニ假泊シタルトキハ信號又ハ便宜ノ方法ヲ以テ其ノ旨港務部長ニ通報スベシ

第十一條 要港部司令官必要ナル場合ニ於テハ一時艦船ノ第一区及第二区ニ入ルコトヲ停止スルコトアルベシ緊急ヲ要スルトキハ港務部長ヲシテ之ヲ執行セシム

No.

第十二條　外國艦船ハ其ノ艦外ニ於テ演習又ハ教練ヲ為スコトヲ得ズ

第十三條　外國艦船ノ乗員ハ要港部司令官ノ許可ヲ得タル場合ヲ除クノ外武装シテ上陸スルコトヲ得ズ但シ准士官以上其ノ服装ニ帯劍ノ制アルモノハコノ限ニ在ラズ

第十四條　外國艦船ハ陸上火災其ノ他ノ場合ニ於テ要港部司令官ノ依頼アルニ非ザレバ防火隊、救援隊等ヲ派出セザルヲ例トス

第十五條　旅順港境域内ニ事故發生シタル場合又ハ之ヲ發見シタル場合ニハ本細則中別ニ規定アルモノヲ除クノ外速ニ要港

ヨ－0022　B列5　28字×10　南滿洲鐵道株式會社　(16. 6. 5,000冊 鮎川納)

No.

部司令官ニ届出ヅルト共ニ水域ニ於ケルモノニ付テハ港務部ニ其ノ他ニ於ケルモノニ付テハ海軍ニ関係スル事項ニ限リ最寄海軍衛兵、憲兵若ハ警察官ニ通知スベシ。

第二章　保安取締ニ関スル事項

第十六條　旅順港ノ境域区劃等ヲ表示スル標石、標木、標札又ハ其ノ水域内ニ設クル浮標、航路、標識等ニハ一切触接することを禁ズ

第十七條　旅順港境域内ニ在ル海軍所属ノ桟橋、埠頭及前條ノ諸標、浮標、航路標識等ヲ毀損、傾倒若ハ移動セシメタル者又ハ毀損、傾倒、移動セルヲ発見シタルモノハ速ニ港務部長

No.

二通知スベシ帝國海軍ノ所有ト認メ得ル遺失物、埋藏物、漂流物及沈沒物品ヲ發見若クハ拾得シタル者亦同シ

第十八條　旅順港境域内海運用地ニハ其ノ管理者ノ許可ヲ得タル者ヲ除クノ外要港部司令官ノ許可ナクシテ立入スルコトヲ禁ズ

第十九條　旅順港規則ニ掲グル禁止事項竝ニ本細則ニ規定セル事項ノ違反嫌疑者ヲ發見シタル者ハ何人ニ限ラズ其ノ行爲ニ注意シ速ニ要港部又ハ最寄憲兵若クハ警察官ニ通知スベシ。

第二十條　旅順港規則第十九條ニ規定セル事項中航空ニ関スル者以外ニ付許可ヲ得ントスルモノハ其ノ目的、住所氏名（生年月日）

ヨ－0022　B列5　28字×10　南滿洲鐵道株式會社　(16. 6. 5,000冊 ...)

No.

期間、区域其ノ他必要ノ事項ヲ詳記シ要港部司令官ニ出願スベシ、

第二十一條　海陸軍所屬以外ノ者旅順港境域及其ノ上空ニ於テ航空機ヲ使用セントスルトキハ其ノ目的、發着地點、航空路高度、航空ノ月日時、航空機ノ種類、識別、特徴、搭載器具物件其ノ他必要ノ事項ヲ詳記シ之ニ操縦者ノ免狀寫（同乘者アルトキハ其ノ職氏名、原籍、住所、生年月日）、航空機ノ堪空證明書寫ヲ添ヘ要港部司令官ニ出願スベシ

前項ノ規定ハ高度晝間百米夜間五十米以上ニシテ人員ヲ搭載セザル氣球及凧類ヲ使用セントスル者ニ之ヲ準用ス。

ヨー0022　B列5　28字×10　南滿洲鐵道株式會社　(16. 6. 5,000冊 [illegible])

No.

第二十二條 旅順港規則第二十一條ニ規定セル事項ニ付許可ヲ得ントスル者ハ其ノ目的、送信機ノ形式、送信勢力、通信電波数、通信時間其ノ他必要ノ事項ヲ詳記シ要港部司令官ニ指申出願スベシ

第二十三條 第一区及第二区内別圖第一、第二標木ヲ連結シタル想像線ヨリ黄金山無線電信柱東側ノモノト老虎尾燈台トヲ連結スル想像線ニ至ル間ノ水面ニ於テハ特ニ許可セラレタル場合ヲ除クノ外漁撈採藻ヲ禁ズ但シ許可區域内ト雖モ艦船ノ航路ヲ避ケ其ノ操縱ヲ妨ゲザル様注意ヲ要ス

前項ノ禁止区域以外ニ於テモ要港部司令官ニ於テ必要アリト

ヨ—0022 B列5 28字×10 南滿洲鐵道株式會社 (10. 6. 5,000冊)

No.

認ムルトキハ漁獵採藻ヲ禁止スルコトアルベシ
第二十四條　第一区、第二区及西港ニ於テハ港務部長ノ承認ヲ得ズシテ探海、掃海及之ニ類スル演習又ハ~~其ノ類スル~~作業ヲ為スコトヲ禁ズ第一区及老虎尾燈臺以北ノ第二区ニ於テ游泳~~スルコトヲ禁ズ~~潜水器ヲ使用セントスルトキ亦前項ニ同ジ
第二十五條　第一区、第二区ニ於テハ港務部長ノ指示スル区域外ニ於テ游泳スルコトヲ禁ズ但シ老虎尾水道以南及第七條ノ海面ハ出入艦船ノ操縦ヲ妨ゲザルニ於テハ此ノ限ニ在ラズ
第二十六條　第一区、第二区及西港ニ在泊スル艦船ニ於テ前條ノ規定ニ従ヒ其ノ乗員ニ游泳ヲ為サシメントスルトキハ救助艇ニ

ヨ―0022　B列5　28字×10　南満洲鐵道株式會社　(16. 6. 5,000冊 ...)

No.

竿ヲ樹テ之ニ救命浮標ヲ掲ゲ其の救助船ト該艦船ノ首尾トヲ
接合シタル直線以内ヲ游泳区域ト為スベシ
前項ノ規定ハ陸岸ヨリ游泳ヲ為サントスル場合ニ之ヲ準用ス
第二十七條　艦船ハ前條ノ游泳区域ヲ運航スベカラズ
第二十八條　石炭其ノ他海底ニ堆積スベキ虞アル物件ヲ積卸ス
ルトキハ之ヲ水中ニ墜落セシメザル如ク必要ナル手段ヲ講ズ
ベシ若シ過テ水深ニ影響ヲ及ボス如キ物件ヲ墜落セシメタル
場合ニハ速ニ港務部長ニ通知スベシ
第二十九條　艦船及上陸ニ設置セル重油槽内沈澱滓ハ旅順港水
域内ニ排出スルコトヲ得ズ但シ艦船ニ於テ軽油、重油等ヲ混

ヨ－0022　B列5　28字×10　南滿洲鐵道株式會社　(16. 6. 5,000冊 …)

No.

ズルノ汚水ヲ排出スルノ已ムヲ得ザルトキハ附近艦艇ノ外舷ヲ汚損シ又ハ引火等ノ虞ナク且ツ潮流、風向ヲ考慮シ充分安全ナル場合ノミ之ヲ行フコトヲ得

第三十条　旅順港通船傭船規程ニ規定スル処ニヨリ第一区、第二区内ニ於テ之ガ営業ノ許可ヲ得タル船舶ハ港務部長所定ノ旗章ヲ常ニ見エ易キ位置ニ掲揚スベシ

第三十一条　第一区、第二区及西港ニ於テハ艪櫂ヲ以テ運航スル船舶ト雖モ夜間ハ常ニ四周ヨリ見エ易キ位置ニ白燈一箇ヲ掲グベシ

第三十二条　第一区、第二区及西港ニ錨泊又ハ繋留スル海軍所

ヨ－0022　B列5　28字×10　南満洲鐵道株式會社　(16. 6. 5,000冊)

No.

艦艇ニシテ汽機、汽罐等ノ修理ノ為十二時間以内ニ運航スルコト能ハザル工事ヲ為サントスルトキハ豫メ着手及竣工期日ヲ港務部長ニ通知スベシ

第三十三條　黄金山見張所及東港入口北側ニ在ル港務部見張所ヲシテ旅順港ノ監視ニ任ゼシメ又要港部ニ巡邏艇ヲ置キ港内ヲ巡邏警戒セシム其ノ方法ハ港務部長之ヲ定ム

第三章　出入港ニ関スル事項

第三十四條　老虎尾水道以内ニ入港セントスル艦船ハ黄金山見張所ノ旗竿ニ第六十三條所定ノ出港旗（燈）ノ揭揚シアル時間ハ同水道以南ニ於テ航路ノ防害トナラザル位置ニ待合スベシ。

ヨ－0022　B列5　28字×10　南滿洲鐵道株式會社　(16. 6. 5,000冊 鮎川納)

No.

第三十五條 老虎尾水道以内ヨリ出港セントスル艦船ハ黄金山見張所ノ旗竿ニ第六十三條所定ノ入港旗（燈）ノ揭揚シアル間ハ出港スルコトヲ得ズ

第三十六條 二隻以上ノ艦船同時ニ老虎尾水道以内ニ入港セントスルトキハ黄金山見張所旗竿ノ入港旗（燈）ト共ニ符字信號ニテ指示スル艦船ヨリ順次ニ入港スベシ

第三十七條 二隻以上ノ艦船同時ニ老虎尾水道以内ヨリ出港セントスルトキハ黄金山見張所旗竿ノ出港旗（燈）ト共ニ符字信號ニテ指示スル艦船ヨリ順次ニ出港スベシ

第三十八條 艦船ハ黄金山見張所旗竿ニ萬國船舶信號ノB旗（紅

ヨ—0022 B列5 28字×10 南滿洲鐵道株式會社 (14.6.5,000冊 [illegible])

No.

燈一箇）ヲ掲揚シアル間ハ老虎尾水道ヲ出入スルコトヲ禁ズ又港務部埠頭燈竿ニ同旗（紅燈一竿）ヲ掲揚シアル間ハ指定セラレタル艦船ノ外一切第一区ニ出入スルコトヲ禁ズ

第三十九條　老虎尾水道以内ニ入港セントスル艦船ニシテ日没後到達シタルモノハ船舶ノ外日出迄同水道以南ニ於テ航路ヲ避ケ假泊スベシ但シ豫メ許可ヲ受ケタルモノ若ハ第七條ノ海面ニ到ルモノハ此ノ限ニ在ラズ

第四十條　海軍所屬以外ノ艦船及船舶第一区及第二区（第七條ノ区域ヲ除ク）ニ入ラントスルトキハ豫メ特ニ許可ヲ得タルモノヲ除クノ外第三区航路ノ妨ゲトナラザル所ニ於テＡＤ旗ヲ掲

ヨー0022・B列5・28字×10　南滿洲鐵道株式會社

No.

グルカ又ハ其ノ他ノ方法ニ依リ港務部長ノ指示ヲ受クベシ

第四十一條 艦船老虎尾水道以内ヲ運航スル時ハ針路ヲ保ツニ必要ナル速力ニ止ムベシ但シ船舟ハ此ノ限ニ在ラズ

第四十二條 第一区、第二区及西港ニ於テハ船舟其ノ他操縦容易ナル艦船ハ大型艦船ニ對シ其ノ航路ヲ譲ルベシ

第四十三條 萬國船舶信號B旗若クハ赤旗ヲ揭グル艦船ノ近傍ヲ運航スル場合ニ於テハ當該艦船ノ風下側ニ於テ完全ナル距離ヲ保ツ如ク運航スベシ若シ已ムヲ得ズ風上側ヲ運航スル場合ニハ充分安全ナル距離ヲ保ツコトニ注意スベシ

第四十四條 船舟ノ港内運航ニ関シテハ左ノ各号ニ依ルベシ

No.

一、第一区及東港入口以北ノ第二区ニ於テハ四節以下ノ速力ニ於テ徐行スベシ

二、埠頭　桟橋　岬角　護岸ノ突端又ハ繫留船ノ一端ヲ回航スル場合ニ於テ之ヲ右ニ見テ航行スルトキハ小廻リ左ニ見テ航行スルトキハ大廻ヲ為スベシ

三　機動船ハ老虎尾水道及東港入口ニ於テハ反航スル他ノ同種ノ船ト互ニ左舷ニ見ル如ク航行スベシ

前項ノ区域ニ於テ危険ノ虞アル場合ニハ他船ヲ追越スベカラズ

四．陸岸附近ニ於テハ之ニ達着セントスルモノハ之ヨリ離脱

ヨー0022　B列5　28字×10　南満洲鐵道株式會社

No.

セントスルモノノ操縦ヲ容易ナラシムル如ク行動スベシ此ノ場合後者ハ前者ノ行動ヲ妨ゲザル如ク注意スルヲ要ス

第四章　繋泊及運轉ニ関スル事項

第四十五條　第一区ニ於テ海軍所屬艦船ヲ陸岸ニ繋留、解纜、出入渠又ハ出渠後ニ於ケル繋留等ノ作業ハ工務部ノ所掌トス但シ當該艦船ノ乗員ハ此等ノ作業ニ對シ充分ナル援助ヲ與フベシ

海軍所屬以外ノ船舶ニ付テハ已ムヲ得ザル事由ニ由ルモノト認ムル場合又ハ官用物件ヲ運搬スルモノ及出入渠又ハ出渠後ノ繋留作業ニ関シ夫々関係廳ヨリ依頼アリタル場合ニ於テ港

ヨ－0022　B列5　28字×10　南滿洲鐵道株式會社　(16. 6. 5,000冊)

No.

務部ハ繋留、解纜等ノ諸作業ヲ為スコトヲ得

第四十六條　艦船浮標ニ繋留中天候其ノ他事故ノ為自艦ノ錨ヲ投下セントスルトキハ他ニ支障ナキ限先ヅ浮標ニ繋維シアル錨鎖ヲ延バシ該浮標繋留要具ヲ毀損セシメザルコトニ注意スベシ

第四十七條　第七條ノ区域並西港ニ錨泊スル艦船ハ雙錨泊ヲ為スベシ

第四十八條　第一区、第二区及西港ニ錨泊スル艦船ハ錨ニ浮標ヲ附スベカラズ

第四十九條　艦船、海軍所属ノ浮標又ハ陸岸ニ繋留ノ儘試運轉

No.

ヲ為サントスルトキハ微速力ヲ以テシ繫留浮標及繫柱ニ無理
ヲ及ボサザル様注意スベシ
第五十條　第一区ニ在ル艦船ハ港務部長ノ承認ヲ得ルニアラザ
レバ繫留船索ヲ出スコトヲ得ズ
第五十一條　第一区、第二区及西港ニ在ル艦船ハ後部ニ二隻以
上ノ舟艇ヲ連繫スベカラズ但シ其ノ艦船ノ幅ヲ越ヘザル限リ
並列シテ繫グコトヲ得
第五十二條　第一区及第二区ニ於テ曳船ヲ為シ又ハ竹木筏其ノ
他ノ物件ヲ曳クトキハ特ニ港務部長ノ承認ヲ得タルトキノ外
左ノ制限ニ従フベシ

ヨ－0022　B列5　28字×10　南滿洲鐵道株式會社　(16. 6. 5,000冊 鮎川納)

No.

一、曳船ノ船尾ヨリ被曳船又ハ被曳物件ノ後端ニ至ル迄ノ距離ハ百米ヲ超ユベカラズ但シ被曳船航洋船ナルトキハ此ノ限リニ在ラズ

二、小型艦船ヲ曳ク場合ニ在リテハ前號ノ距離ヲ超ヘザル限ニ隻宛並列スルコトヲ得

三、前號以外ノ船ヲ曳ク場合ニハ一隻ヲ超ユベカラズ

第五章　上陸及陸岸ニ関スル事項

第五十三條　海軍軍人軍屬又ハ要港部司令官ノ特許ヲ得タルモノノ外左記埠頭ヨリ上陸又ハ乗船スルコトヲ禁ズ

一、港務部埠頭

ヨ－0022　B列5　28字×10　南満洲鐵道株式會社　(10. 6. 5,000冊 ...)

No.

二 老虎尾西海岸埠頭

三 蠻子營火藥庫前埠頭

四 魚雷營倉庫前埠頭

第五十四條 前條ノ埠頭ニハ上陸、乗船若ハ物件積卸ヲ為スト
キノ外船舟ヲ繫維スベカラズ

第五十五條 豫メ港務部長ノ承認ヲ受クルニ非ザレバ第一区沿
岸ヨリ上陸又ハ乗船スルコトヲ禁ズ但シ海軍部内者ニシテ沿
岸使用部隊（官衙）ニ所用アル者及之ガ所屬艦船ニ乗降スル者
ハ此ノ限ニ在ラズ

第五十六條 第一区沿岸ニ於テハ港務部長（官衙構内ナルトキハ當

No.

該官衙ノ長ノ承認ヲ得ズシテ船艇ヲ陸揚ゲシ又ハ物品ヲ集積
スベカラズ
第五十七條　第二区ニ於テハ第七條ノ区域内沿岸及老虎尾燈台
以南叢家屯、李家屯、郭家屯ノ前海岸ヲ除クノ外ハ港務部長
ノ承認ヲ得ズシテ上陸若ハ船舟ヲ着岸スルコトヲ禁ズ
第五十八條　西港内老虎尾半島ノ沿岸ニ於ケル海軍要地ニ上陸
若ハ船舟ヲ着岸スルコトヲ禁ズ但シ海軍所属ノ船舟及要港部
司令官ノ許可アルモノハ此ノ限ニ在ラズ
第六章　見張及信號ニ関スル事項
第五十九條　黄金山見張所ヲシテ海陸ノ通信連絡ニ任ゼシム但

ヨ－0022　B列5　28字×10　南満洲鐵道株式會社　(16. 9. 5,000冊 鮎川納)

No.

シ關東廳海務局旅順支局附屬老虎尾山信號所ニ於テ取扱フモノハ此ノ限ニ在ラズ

第六十條　海軍所屬艦船ト要港部各部間ハ黄金山見張所ヲ介シテ通信ヲ行フコトヲ得此ノ場合ニ於テハ艦船ハ萬國船舶信號旗符ヲ以テ之ヲ指呼シ信號ヲ行フベシ見張所ハ直チニ作業井依リ電話ヲ以テ指示部ニ通知スルモノトス

第六十一條　陸上各部ヨリ黄金山見張所ヲ介シテ海軍所屬艦船ニ通信ヲ為サントスルトキハ電話ニヨリ直接見張所ニ電文ヲ通知スベシ見張所ハ直チニ信號ニヨリ之ヲ指示艦船ニ通知スルモノトス

前項ノ場合ニ於テ天候其ノ他ノ事情ニヨリ運達セザルトキハソノ旨當該發信部ニ通知スベシ

第六十二條　一般船舶ニ對スル信號ハ關東廳海務局旅順支局附

ヨ－0022　B列5　28字×10　南滿洲鐵道株式會社　（16. 6. 5,000冊　館川納）

No.

老虎尾山信號所ニ於テ取扱フモノトス但シ要港部ヨリ該船舶ニ向ツテ為ス信號ハ黄金山見張所ニ於テ取扱ヲ例トス

第六十三條　主ナル艦船ノ出入港ハ黄金山見張所信號竿ニ左ノ特設信號ヲ揭揚シテ之ヲ通報ス但シ出港ノ際ハ錨地ヨリ老虎尾水道ヲ通過シ終ルマデ、入港ノ際ハ第三区南端線ヨリ老虎尾水道ヲ通過シ終ル迄揭揚スルモノトス夜間本信號ヲ為ス場合ニ於テ警報信號燈ヲ揭揚セル時ハ一時該燈ヲ降下又ハ消滅スルモノトス

一、晝間信號

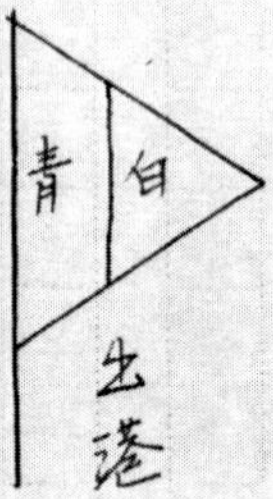

出港スルトキ

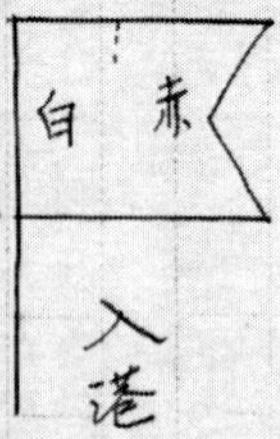

入港スルトキ

ヨ－0022　B列5　28字×10　南滿洲鐵道株式會社　(16.6.5,000冊 鮎川納)

No.

部外船舶出入ノ際ハ黒球ノ下ニ連掲ス

二　夜間信號

(イ)出港スルトキ　白燈二箇ヲ「竿頭」ニ青燈ヲ一箇「斜桁」ニ掲グ

(ロ)入港スルトキ　白燈二箇ヲ「竿頭」ニ赤燈一箇ヲ「斜桁」ニ掲グ

第六十四條　海軍所屬艦艇入港ノ際旅順港規則第四條ノ規定ニ依リ艦船名表示ノ信號ヲ掲揚スルトキハ黄金山見張所ハ之ニ應答スベシ艦艇ハ其ノ應答ヲ見テ信號ヲ降下スルモノトス

第六十五條　黄金山見張所ハ港務部見張所ト連絡ヲ保チ特ニ左ノ各號ニ付テハ其ノ都度電話ヲ以テ速ニ要港部司令部及港務部ニ通知スベシ

No.

一、主ナル艦船ノ出入港
二、主ナル艦船ノ錨地変換及出入渠
三、旅順港内外ノ火災及遭難艦船
四、禮砲及答砲
五、附近ヲ通過スル外國ノ艦船
六、前諸號ノ外必要ト認ムル事項

第六十六條　海軍所屬ノ艦船ニ於テ港務部長ノ定ムル雜役船ノ貸與規定、清水配給規定及塵灰及不用品廢棄規程ノ定ムル處ニ依リ雜役船等ヲ必要トスルトキハ晝間ハ左ノ区分ニ彼ニ信號ヲ揚ケ夜間ハ之ニ相当スル發光信号ヲ用フベシ

No.

信号符字	意味	記号
YP旗	曳船呼	
YR旗	水船呼	臨時至急ノ清水ヲ要スル場合ニノミ掲揚シ同時ニ文書又ハ信号ヲ以テ手続ヲ要スモノトス
YM旗	塵介船呼	
Y旗	灰燼船呼	規定ニ依リ巡回スル塵介船以外特別ニ巡遣ヲ必要トスル場合ニノミ掲揚ス
YO旗	残飯船呼	

第六十七條　艦船火ヲ失シタルトキハ時鐘若ハ之ニ類似ノ振鳴器ヲ連打シ又ハ汽笛ヲ連吹シ晝間ハ萬國船舶信號NM旗ヲ掲ゲ夜間ハ號火、火箭等ヲ用ヒ最モ見エ易キ發火信號ヲ為シ且ツ断ヘズ紅燈ヲ上下スベシ

No.

艦船危急ノ場合ニ遭遇シ救助ヲ要スルトキ亦前項ニ同ジ但シ
晝間ハ萬國船舶信號NC旗ヲ揭グベシ
第六十八條　要港部各部並海軍所屬ノ艦船ニ於テ備入シタル船
舟ニハ見エ易キ位置ニ一定ノ旗章ヲ揭グシムベシ此ノ旗章ハ
豫メ港務部長ニ通知シ置クコトヲ要ス
第七章　爆發物其ノ他危險物ニ関スル事項
第六十九條　本章ニ於テ爆發物其ノ他危險物ト稱スルハ左記ノ
物件ヲ謂フ
一、彈火藥及火工兵器類
二、引火シ易キモノ

ヨー0022　B列5　28字×10　南滿洲鐵道株式會社　(16. 6. 5,000冊 鮎川納)

No.

三 衝動ニ依リ發火シ易キモノ

第七十條 旅順港水域ニ於テ左ノ各號ノ一ニ該当スル艦船ハ航泊ヲ問ハズ晝間ハ萬國船舶信號B旗若ハ赤旗ヲ檣頭若ハ桁端ニ揚ゲ夜間ハ紅燈一箇ヲ周囲ヨリ見エ易キ所ニ揚グベシ但シ檣ヲ備ヘザル船舟ハB旗若ハ紅燈ヲ長竿ニ揚グベシ

一 現ニ爆發物其ノ他危険物ヲ積卸シ作業中ノモノ

二 前規ノ格納所以外ニ爆發物其ノ他危険物ヲ積載スルモノ

前項ノ規定ハ船舶信號用等ノ爲ニ備フル火藥、雷管、火箭、號火救命火矢等ニシテ安全ナル方法ヲ以テ適当ニ格納シアルモノニ對シテハ之ヲ適用セズ

ヨ－0022 B列5 28字×10 南満洲鐵道株式會社

No.

第七十一條　前條第一項第二號ノ規定ニ該当スル艦船ハ要港部司令官ノ許可ナクシテ第一区、第二区及西港ニ着発スルコトヲ得ズ

第七十二條　火薬、弾丸ソノ他火工品等ヲ運搬スル船舟ハ港務部長ノ承認ヲ得ルニ非ザレバ火薬庫ヲ距ル二百三十七米以内ニ接近スルコトヲ得ズ

第七十三條　第一区ニ於テ爆発物其ノ他ノ危険物ノ積卸シヲ為サントスル艦船ハ要港部司令官ノ許可ヲ受クベシ

第七十四條　第七十三條ノ規定ニヨリ入港ヲ許可セラレタル船舶及船舟ニシテ入港出願ノ事由爆発物其ノ他危険物ノ運搬ニ

No.

在ルトキハ前二條ノ許可及承認ヲ得ルヲ要セズ

第七十五條 艦船入渠ニ際シ其ノ搭載スル爆發物及危險物ハ別ニ定ムル艦船入渠並接岸繫留心得ノ規定スル所ニ依リ處理スベシ

第七十六條 第一区ニ於テハ特ニ要港部司令官ノ指令アル場合ヲ除クノ外禮砲、號砲又ハ銃發ヲ為スコトヲ得ズ

第七十七條 左ニ揭グル区域ヲ除キ旅順港境域内ニ於テハ鉱業土木、狩獵又煙火打上ゲノ目的ヲ以テスル者ニ限リ法律ノ定ムル所ニ従ヒ火器若クハ爆發物ノ發射、發火ヲ為スコトヲ得

但シ要港部司令官ハ必要ニ應シ之ヲ停止又ハ制限スルコトアルベシ

No.

一　第一区、第二区及西港ノ水面

二　第一区、第二区及西港ノ沿岸ニ於テ水面（満潮面）ヲ距ル百三十七米以内ノ陸地

三　海軍要地及之ヲ距ル百三十七米以内ノ陸地及水面

四　火薬庫、油槽及油庫ヲ距ル二百三十七米以内ノ陸地及水面

五　特ニ禁制ノ揭示アル場所

第七十八條　前條各號ノ区域ヲ除キタル旅順港境域内及練兵場ニ於テハ教育訓練、演習若ハ實驗ノ目的ヲ以テスルモノニ限リ銃砲、水雷其ノ他爆發物ノ發射、發火ヲ爲スコトヲ得但シ豫メ要港部司令官ニ届出テ且ツ他ニ危害ヲ及ボサザル樣充分

ヨ－0022　B列5　28字×10　南満洲鐵道株式會社　(16. 6. 5,000冊 [illegible])

No.

注意スベシ

海軍所屬艦船ノ縮射彈射撃及空砲發火ハ第二区及西港ニ於テハ之ヲ行ナフコトヲ得

第八章　衛生及檢疫ニ關スル事項

第七十九條　本細則ニ於テ傳染病ト稱スルハ「コレラ」、赤痢（疫痢ヲ含ム）腸「チフス」、「パラチフス」痘瘡、發疹「チフス」猩紅熱、「ヂフテリヤ」、流行性腦脊髓膜炎及「ペスト」ヲ謂フ

前項ニ揭グルモノノ外本章ノ適用ヲ必要トスル傳染病アルトキハ要港部司令官之ヲ指定ス

第八十條　本細則ニ於テハ傳染病ノ疑似症及傳染病ノ病原體保

No.

有者ハ之ヲ傳染病患者ト看做ス

第八十一條　入港スル海軍所屬艦船ニシテ現ニ傳染病患者若ハ死者アルトキハ入港前成ルベク速ニ其ノ状況ヲ要港部司令官ニ報告スベシ。

第八十二條　入港スル海軍所屬艦船ニシテ左ノ各號ノ一ニ該當スルモノハ港外三哩ノ地ヨリ檢疫信號ヲ揚ゲ港口第三区ニ假泊交通ヲ遮斷シ要港部司令官ノ指示ヲ待ツベシ

一、現ニ「コレラ」、疱瘡、「ペスト」等ノ患者若ハ死者アルモノ

二、前號ノ患者若ハ死者アリタルモノニシテ消毒ヲ了セザルモノ

ヨー0022　B列5　28字×10　南滿洲鐵道株式會社

No.

三、「コレラ」、「ペスト」等ノ患者若ハ死者アリタルモノハ消毒ヲ了シタル時ヨリ起算シ「コレラ」ハ五日間、「ペスト」ハ十日間ヲ経過セザルモノ

四、「コレラ」痘瘡、「ペスト」等ノ流行地ヲ発シ若ハ経由シ又ハ同疫毒ニ汚染シタル他ノ艦船ト交通シタルモノニシテ消毒ヲ了ラザルモノ

検疫信號ハ晝間ハ萬國船舶信號Q旗ヲ揭ゲ夜間ハ紅白二燈ヲ連揭スルモノトス

第八十三條 入港シタル海軍所屬艦船ハ直ニ其ノ衛生状況ヲ要港部司令官ニ報告スベシ但シ出港後七日以内ニ再ビ入港シ衛

ヨ－0022　B列5　28字×10　南満洲鐵道株式會社　(16, 6, 70,000冊 鉛川納)

No.

生ノ状態ニ異常ナキモノハ此ノ限ニ在ラズ

第八十四條　在港スル海軍所屬艦船ニ傳染病ヲ發生シタルトキハ直ニ其ノ實況ヲ要港部司令官ニ報告スベシ

第八十五條　在港スル海軍所屬艦船ニ「コレラ」、痘瘡、「ペスト」等ノ傳染病ヲ發生シタルトキハ直ニ交通ヲ遮斷シ檢疫信號ヲ揭ゲ要港部司令官ノ指示ヲ待ツベシ

要港部司令官ハ前項以外ノ傳染病ト雖モ狀況ニ依リ交通ヲ遮斷セシメ若ハ錨地ヲ變更セシムルコトアルベシ此ノ場合ニ於テハ當該艦船ハ檢疫信號ヲ揭揚スルモノトス

第八十六條　消毒並隔離中ノ艦船ハ檢疫信號ヲ揭揚スベシ但シ

ヨー0022　B列5　28字×10　南滿洲鐵道株式會社　(16. 6. 5,000冊 ...)

No.

信號ヲ揭グルコトヲ得ザルモノハ標札其ノ他ノ方法ヲ以テ之ニ代フルコトヲ得

第八十七條 檢疫信號ヲ揭グル艦船ノ乘員要港部司令官ノ命令若ハ許可ヲ得テ要港部其ノ他ニ至ルトキハ其ノ乘用スル船艇ニ同信號ヲ揭ゲ且ツ船艇員ノ他ノ艦船及陸上トノ交通ヲ禁止スベシ

第八十八條 旅順港水域ニ在ル海軍所屬以外ノ船舶ニ傳染病並之ト類似ノ患者若ハ死亡者アルトキハ其ノ關係者ハ勿論之ヲ目擊又ハ聞知シタル者ハ直ニ要港部、憲兵若ハ警察官吏ニ通知スベシ

ヨ－0022　B列5　28字×10　南滿洲鐵道株式會社　(16. 6. 5,000冊 [illegible])

No.

要港部ニ於テ必要ト認ムル場合ニハ軍醫科士官ヲ派遣シ之ヲ臨検セシメ又ハ其ノ船舶ノ消毒方法等ニ関シ警察官吏若ハ検疫関係吏員ト協議セシムルコトアルベシ

第八十九條　旅順港水域ニ流入スル河川溝渠等ニ傳染病者ノ排泄物其ノ他病毒ニ汚染シ若ハ汚染ノ疑アル物件又ハ衛生ニ害ヲ及ボスベキ一切ノ物件ヲ投入スルコトヲ禁ズ

第九十條　海軍所屬以外ノ艦船第一区、第二区ニ於テ急病者アルトキハ速ニ之ヲ要港部ニ届出ヅベシ

第九十一條　旅順港水域ニ於テ急病者又ハ変死者アルトキハ左ノ各號ニ據ルベシ

ヨ－0022　B列5　28字×10　南満洲鐵道株式會社　(16. 6. 5,000冊 鮎川納)

No.

一、海軍所屬艦船ニ在リテハ直ニ其ノ實況ヲ要港部司令官ニ
報告スルコト

二　前號以外ノ船舶ニ在リテハ直ニ其ノ實況ヲ警察署ニ届出
ヅルト共ニ港務部ニ通報スルコト

第九十二條　旅順港境域内ニ在ル海軍官衙部隊等ハ爲シ得ル限
本章ノ規定ニ準據スベシ

第九十三條　旅順港規則第二十三條ノ規定ニ依リ旅順港境域内
衛生ノコトニ關シ關東長官ノ協議ヲ受クベキ主ナル事項左ノ
如シ

一　防疫ニ關スル事項

No.

二、病院傳染病院等ノ新設存廢ニ関スル事項
三、水道、下水、溝渠、公共厠圊及芥溜ノ新設、改修、存廢ニ関スル事項
四、魚市場、屠獣場、家畜營業及養場、墓地、火葬場ノ新設存廢ニ関スル事項
五、各種興業場、遊廓、公園ノ新設、存廢ニ関スル事項
六、各種工業場ニシテ旅順港境域内ノ河川流水ヲ使用スルモノ並衛生上ニ関係ヲ及ボスベキモノノ新設存廢ニ関スル事項

七、前諸號ノ外一般公衆衛生ニ関スル事項

ヨ—0022　B列5　28字×10　南満洲鐵道株式會社　(16, 6, 3,000冊 鮎川納)

No.

第九章　雜則

第九十四條　海軍所屬艦船其ノ他各部ニ於テ雜役船ヲ要スルトキハ別ニ定ムル所ノ規程ニヨリ港務部ニ請求スベシ

第九十五條　海軍所屬艦船其ノ他各部ニ於テ清水ヲ要スルトキハ別ニ定ムル所ノ規程ニヨリ港務部ニ請求スベシ前項以外ノ船舶ノ清水請求ニ付テハ関東長官ノ定ムル所ニヨル

第九十六條　第二区以内ニ於ケル通船ノ營業及其ノ傭人等ニ関シテハ別ニ定ムル所ノ規程ニ依ルベシ

第九十七條　第二区以内及西港ニ於ケル海軍所屬艦船ノ塵棄物ヲ蒐集スル為港務部ヲシテ艀船ヲ出シ毎日巡回セシム

No. 43

前項ノ艀船ニハ標識トシテ左記號標ヲ揭ゲシム

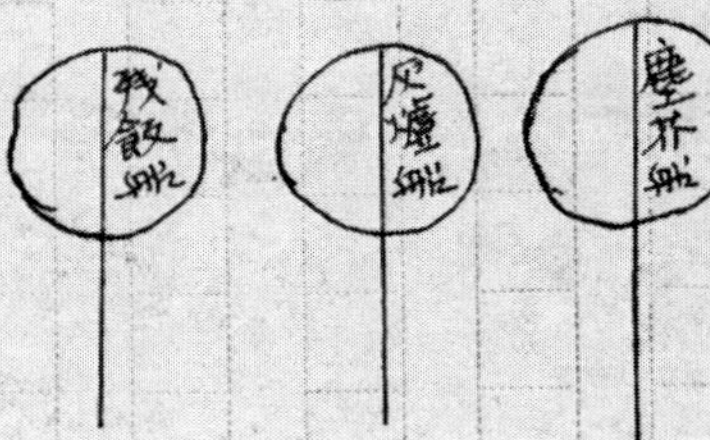

塵芥船　白赤地ニ黒文字　鉄葉製円形　直径約四十五糎

屎尿船　黒地ニ白文字　同右

残飯船　白地ニ黒文字　同右

艦船ニ在リテハ豫メ塵棄物ヲ準用シ且ツ艦員ノ手ニテ速ニ移載ヲ行ヒ該艇ヲシテ永ク停留セシメザルコトニ注意ヲ要ス

海軍所屬以外ノ船舶ノ塵棄物ノ蒐集ニ付テハ関東長官ノ定ムル所ニ依ル

ヨ－0022　B列5　28字×10　南満洲鐵道株式會社　(16. 6. 5,000冊)

旅順港規則

昭和八年四月二十日

海軍省令第二号

改正昭和十年省令第二号

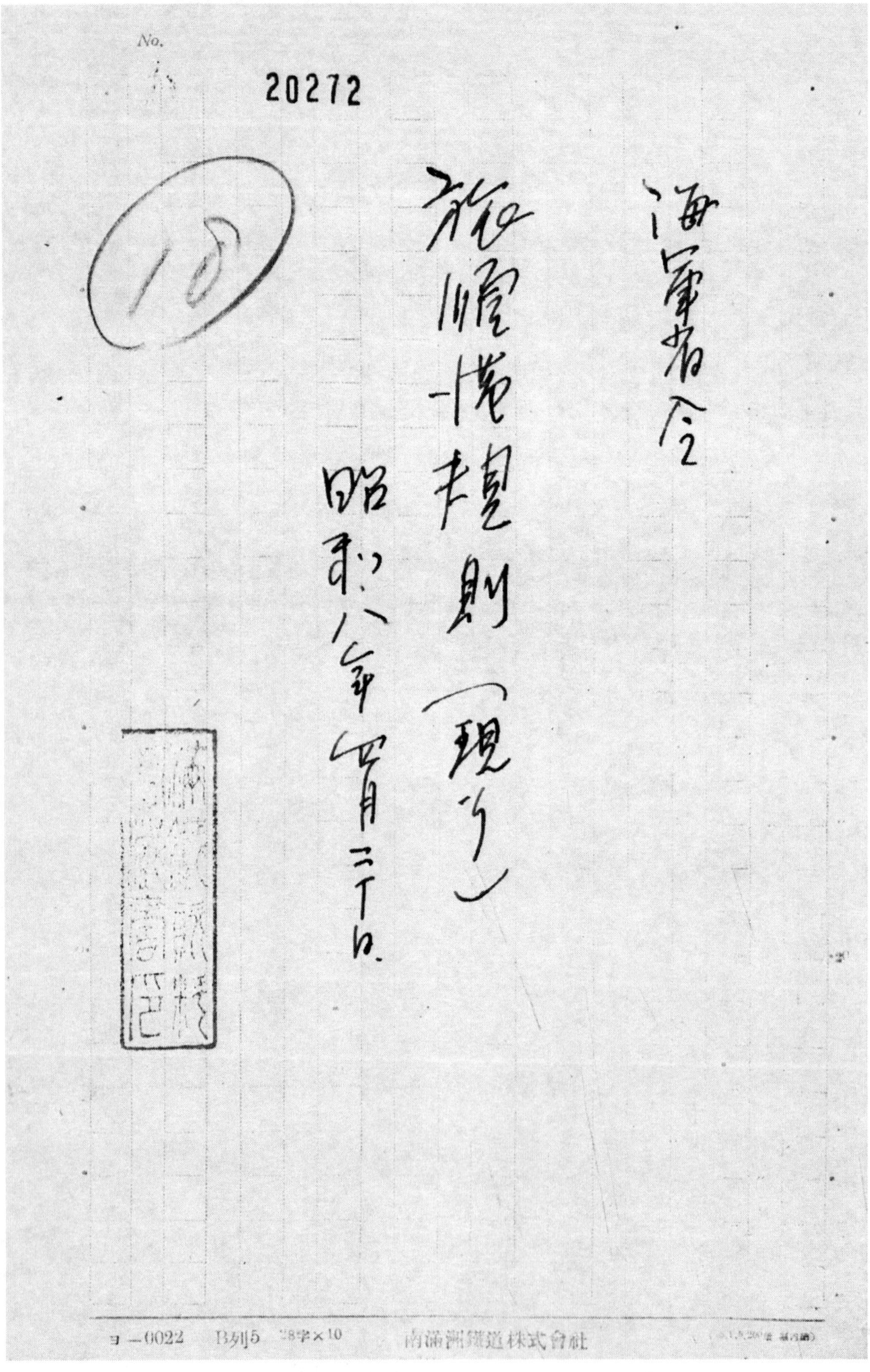

No. 20272

10

海軍省令

旅順港規則（現行）

昭和八年四月二十日

ヨ－0022　B列5　28字×10　南滿洲鐵道株式會社

No.

旅順港規則

昭和八年四月二十日

海軍省令第二號

改正 昭和一〇年第二號

旅順港規則左ノ通改正ス

旅順港規則

第一條 旅順港ノ水域ハ之ヲ三区ニ分チ別図點一線以内ヲ第一区ト称シ點二線以内ヲ第二区ト称シ第一区及第二区以外ヲ總テ第三区ト称ス西港ハ第三区トス

第二條 西港ニハ内外國艦船入港スルコトヲ得

ヨ－0022 B列5 28字×10 南滿洲鐵道株式會社 (16, 6, 5,000冊 ■■■)

No.

西港以外ノ第三区ニ於テハ航路ノ妨ゲトナラザル限艦船自由ニ碇泊スルコトヲ得但シ爆發物若ハ燃焼シ易キ物件ヲ積載スル艦船ハ旅順要港部港務部長特ニ其ノ錨地ヲ亦指定スルコトアルヘシ

第三條　第一区及第二区ニハ海軍所屬ノ艦船ニ非ザル者ハ要港部司令官ノ許可ナクシテ入ルコトヲ得ズ但シ第三区ヨリ第二区ヲ通過シ直ニ第三区ニ移ル所ノ艦船ハ此ノ限ニ在ラス

第四條　旅順港ニ入ラントスル艦船ハ旅順港水域外約三海里ノ所ヨリ投錨若ハ繫止スル地點マデ萬國船舶信號ニ依リ各自ノ艦船名ヲ表示スベシ但シ旅順要港部司令官其ノ必要ナシト認

ヨ－0022　B列5　28字×10　南滿洲鐵道株式會社　(16. 6. 5,000冊)

No.

メ其ノ旨豫メ通知シタルモノハ此ノ限ニ在ラス

第五條　旅順港水域及其ノ以外約三海里以内ノ水面ニ繋泊シ若ハ運航スル艦船ハ特別ノ規定アルモノノ外其ノ國籍ヲ表明スル旗章ヲ揭揚スヘシ

第六條　旅順港水域及其ノ以外約三海里以内ノ水面ニ繋泊シ若ハ運航スル艦船ハ日没ヨリ日出迄海上衝突豫防ニ関スル法令ニ規定シタル各種ノ船燈ヲ揭ゲヘシ

第七條　以外各地ヨリ入港スル艦船ニシテ海港檢疫法第四條第一項ノ各號ニ該当スル場合ニ於テ檢疫又ハ消毒ヲ終ラサルモノハ旅順要港部司令官ノ許可ヲ得ルニ非ザレバ第一区第二区

No.

及西港ノ海面ニ入ルコトヲ許サス又第一区第二区及西港ノ海面ニ於テ傳染病患者ヲ發シタル艦船ハ檢疫信號ヲ揭ゲテ旅順要港部司令官ノ指揮ヲ待ツヘシ

前項ノ場合ニ於テ海軍所属ニ非ザル艦船ノ檢疫ニ関シテハ満洲國駐劄特命全權大使ノ定ムル所ニ依ル

第八條　西港ニ出入スル海軍所属ニ非ザル總噸数千噸以上ノ艦船ハ入港ニ際シテハ第二区ニ入ル前ヨリ泊地ニ就ク迄出港ニ際シテハ其ノ泊地ヲ離ルルトキヨリ第二区ヲ出テ終ル迄水先案内ヲ取ルヲ要ス但シ旅順要港部司令官其ノ必要ナシト認メ其ノ旨ヲ通知シタル者ハ此ノ限ニ在ラス

ヨ－0022　B列5　28字×10　南滿洲鐵道株式會社　(16. 6. 5,000冊)

No.

前項ノ水先人ハ現役ニ非サル海軍軍人タルコトヲ要ス。
水先人ニ関スル規程ハ大使ノ定ムル所ニ依ル。
第九條 第一区第二区及西港ニ於ケル艦船ノ進退ハ排水量噸数十五噸以下ノ船舟ヲ除クノ外総テ旅順要港部港務部長ノ指示ニ従フヘシ但シ天災其ノ他不時ノ事故ニ依リ其ノ指示ヲ待ツ能ハザル場合ニ於テハ此ノ限ニ在ラス、
前項中西港ニ於ケル海軍所属ニアラサル艦船ノ進退ニ関シテハ大使ノ定ムル所ニ依ル
第十條 旅順要港部司令官ハ必要ナル場合ニハ在港艦船ニ錨地ノ変換其ノ他ノ処置ヲ命ズルコトヲ得

No.

第十一條　旅順要港部司令官ハ第一区ニ入リ又ハ入ラムトスル艦船ノ積載物中危険ト認ムルモノアルトキハ之ヲ卸サシムルコトヲ得

第十二條　總テ艦船ハ旅順要港部司令官ノ許可アルモノノ外火藥庫ヲ距ル二百三十七米以内ニ入ルコトヲ禁ズ汽鑵點火中ノ小蒸汽船其ノ他火気ヲ有スル一切ノ船舟亦同シ

第十三條　旅順港境域内ニ於テハ禮砲號砲及旅順要港部司令官ノ許可ヲ得タルモノノ外火器若ハ爆發物ノ發射又ハ發火ヲ禁ズ但シ公私ノ家屋建造物ヲ距ルコト百三十七米以内ニ於テハ礼砲號砲ト雖モ特ニ旅順要港部司令官ノ許可ヲ得ルニ非サレ

No.

バ一切ノ發射發火ヲ爲スコトヲ許サス
前項ノ規程ハ海軍用地及水域以外ニ於テ陸軍官憲ノ施行スル
射撃演習ニ関シテハ之ヲ適用セズ
第十四條 第一区及第二区ニ於テハ旅順要港部司令官ノ許可ヲ
得ズシテ漁獵採藻ヲ爲シ又ハ漂流物若ハ沈設物ヲ拾得スルコ
トヲ禁ズ
航路ハ妨害トナリ又ハ水中數設物アル第三区以外ノ水域ニ付前
項ノ規定ヲ準用ス
第十五條 第一区並第二区及其ノ海岸並之ニ注入スル水流ハ旅
順要港部司令官ノ許可ヲ得ルニ非サレハ一切ノ物件ヲ委棄ス

No.

ルコトヲ禁ス

旅順要港部司令官ハ必要アリト認ムルトキハ西港以外ノ第三区及其ノ海岸ニ物件ノ委棄ヲ禁ジ臨時委棄ノ場所ヲ指示スルコトヲ得艦船其ノ委棄スベキモノヲ自ラ處分スルコト能ハザルトキハ海軍艦船ニ在リテハ旅順要港部港務部長ニ其ノ處分ヲ請求スベシ海軍所属ニアラザル艦船ニ在リテハ大使ノ定ムル所ニ依ル

第十六條　旅順要港部司令官ハ旅順港水域内ニ於ケル有害ナル難破物委棄物若ハ其ノ他ノ物件ハ原因ノ如何ニ関セズ其ノ義務者ヲシテ之ヲ指定ノ期限内ニ除去セシムルコトヲ得其ノ義

コ－0022　B列5　28字×10　南滿洲鐵道株式會社

No.

務者之ヲ除去セザルトキ若ハ指定ノ期限內ニ終了スル見込ナキトキハ旅順要港部司令官ハ自ラ之ヲ除去若ハ破壊シ又ハ第三者ヲシテ之ヲ除去若ハ破壊セシメ其ノ費用ヲ義務者ヨリ徴收スルコトヲ得

前項ノ義務者不明ナルトキハ旅順要港部司令官ハ之ヲ除去若ハ破壊スルコトヲ得

西港內ニ於ケル有害ナル難破物、委棄物又ハ其ノ他ノ物件ノ處分ニ付テハ大使ノ定ムル所ニ依ル

第十八條　旅順港境域內ノ山林原野ニ於テハ濫ニ焚火スルコトヲ禁ス

No.

第十八條　旅順港境域ニ於ケル左ノ諸號ニ揭グル事項ノ新營若ハ変更ニ関シテハ旅順要港部司令官ハ大使ノ協議ヲ受クルモノトス

一、棧橋ノ架設、埠頭ノ築造

二、河床ノ変更、河川並海面ノ埋立浚渫、海岸ノ掘鑿、海岸ニ於ケル石垣ノ築造

三、道路、運河溝渠隧道ノ開通、橋梁、鉄道ノ架設、水底電線ノ敷設

四、地盤ノ開鑿及埋築

五、森林ノ伐採

ヨ－0022　B列5　20字×10　南滿洲鐵道株式會社　(16. 6. 1,000冊 [illegible])

No.

六　旅順港ノ水域内ニ發着スヘキ海運ノ営業

七　漁業権ノ設定

八　浮標、立標其ノ他航路標識ノ設置、

九　第一区、第二区及西港ノ沿岸ニシテ水面若ハ海軍用地ヲ距ル千三百六十四米以内ニ於ケル家屋倉庫及諸般ノ築造物ノ新築

第十九條　旅順要港部司令官ノ許可ヲ得ズシテ旅順港境域内ヲ航空シ又ハ同境域内水陸ノ形状ヲ測量、撮影、模写、録取シ若ハ地理案内等ノ図書ヲ發行スルコトヲ禁ズ但シ艦船運航ノ為行船ニ必要ナル錘測ハ此ノ限ニ在ラズ

No.

第二十條　旅順要港部司令官ノ許可ヲ得ルニ非サレハ旅順港境域内ニ於テ無線電信及無線電話ヲ發信スルコトヲ得ス但シ艦船航行中ノ通信及遭難通信又ハ軍用通信ハ此ノ限ニ在ラズ

第二十一條　前條ノ禁制ハ海軍用地及水域外ニ於テ陸軍官憲ノ施行スルモノニ適セズ

第二十二條　旅順要港部司令官ハ旅順港境域内ニ於ケル兵備ノ状況其ノ他地形等ヲ視察スル者ト認メタルトキハ之ニ旅順港境域外ニ退去ヲ命ズルコトヲ得

第二十三條　旅順要港部司令官ハ旅順港境域内衛生ノ事ニ関シテハ大使ノ協議ヲ受クルモノトス

No.

第二十四條 旅順要港部司令官ハ海軍用地ニ接近スル一般公路ニ於テ取締上必要ト認ムルトキハ大使ニ協議シ一般人民ノ通行ニ制限ヲ置クコトヲ得
旅順要港部司令官ハ海軍用地ノ取締上差支ナシト認ムル区域ニ限リ一般人民ニ通行ヲ許スコトヲ得

第二十五條 旅順港ノ境域並其ノ区畫等ヲ表示スル標石、標木標札ノ類若ハ其ノ水域ニ設クル浮標等ヲ移轉シ又ハ之ヲ毀壊スルコトヲ禁ズ

第二十六條 旅順港ノ取締ニ関スル細則ハ旅順要港部司令官大使ニ協議シテ之ヲ定ム

No. 14

附則

本令ハ公布ノ日ヨリ之ヲ施行ス

（別図省略）

ヨ－0022　B列5　20×10　南満洲鐵道株式會社　（16. 6. 300冊 藍附納）

船舶取缔规则

大正二年十月二十六日 府令第三十三号

改正 大正十年六月庁令第三十三号

昭和五年十月庁令第五十九号

昭和八年十二月庁令第六十一号

No. 20266

船舶取扱規則（現行）

大正二年十月二十六日

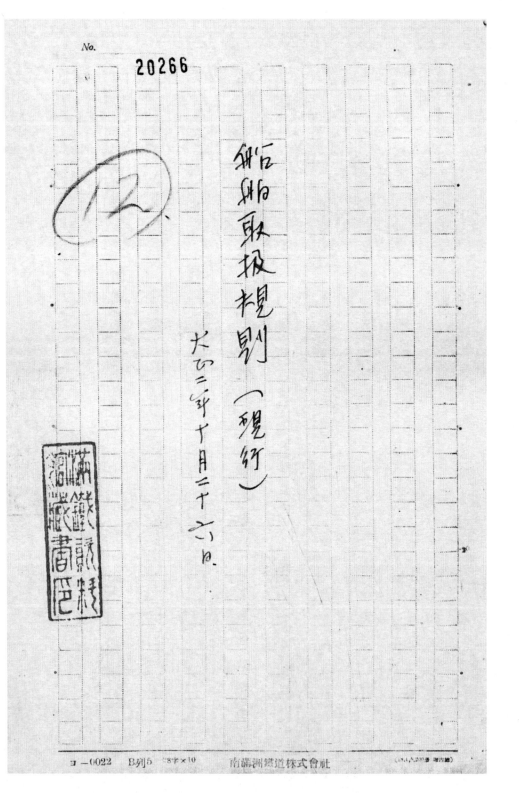

コ—0022　B列5　28字×10　南滿洲鐵道株式會社

No. 1

船舶取締規則（理行）

大正二年十月二十六日府令第三三号

改正 大正十年六月 廳令第三三号

昭和五年十月 廳令第五九号、

昭和八年十二月 廳令第六一号

船舶取締規則左ノ通定ム

第一條 本令ハ大連港、旅順港及普蘭店港以外ノ関東州港湾ニ出入スル船舶ニ之ヲ適用ス

第二條 左ニ掲クル船舶ハ関東州港湾ニ出入スルコトヲ得ス

一 總噸数二十噸未満ノ船舶

二 支那形船舶

No. 2

第三條　船舶ニシテ入港シタルトキハ直ニ所轄警察署ニ第一號又ハ第二號様式ノ着港届ヲ差出スヘシ

第四條　船舶ニシテ出港セムトスルトキハ所轄警察署ニ第三號又ハ第四號様式ノ出港届ヲ差出シ第五號様式ノ出港許可證ヲ受クルニ非サレハ出港スルコトヲ得ス但シ出港五時間以前ニ出港届ノ手續ヲ了シタルトキハ出港許可證ヲ受ケサルモ妨ケナシ

第五條　左ノ各號ノ一ニ該當スル船舶ハ港外ニ假泊シ検疫信號ヲ揚ケ警察官吏ノ検査ヲ經テ其ノ許可ヲ受ケタル後ニ非サレハ他港ニ進航シ陸地又ハ他船ト交通シ船客船員ヲ上陸セシメ

No. 3

病係ノ陸揚ヲ為スコトヲ得ス但シ検疫信號ノ設備ナキカ又ハ之ヲ掲ゲタルモ應答ナクシテ上陸スルニ非サレハ警察官吏ニ告知スルヲ得サル場合ニ於テ告知ノ為上陸スルハ此ノ限ニ在ラス

一、現ニ傳染病又ハ之ニ疑ハシキ患者又ハ死者アルモノ

二、航海中傳染病又ハ之ニ疑ハシキ患者又ハ死者アリタルモノ

三、傳染病流行地ヲ發シ若ハ其ノ地ヲ經テ来航シ又ハ傳染病毒ニ汚染シタル艦船ト交通シ其ノ他傳染病毒ニ汚染シタル疑アルモノ

検疫信號ハ晝間ニ在リテハ黄旗ヲ掲ケ夜間ニ在リテハ紅白二

9－0022　B列5　28字×10　南滿洲鐵道株式會社　(15.12.7,500冊 …)

No. 4

燈ヲ上下ニ浮揚スルモノトス
検疫信号ニ対スル應答ハ晝間ニ在リテハ白旗ヲ夜間ニ在リテ
ハ白燈ヲ左右ニ動揺スルモノトス
傳染病トハ虎列剌、赤痢、腸窒扶斯、「パラチフス」、痘瘡、發
疹窒扶斯、猩紅熱、實布垤利亜、「ペスト」、流行性脳脊髄膜炎
ヲ謂フ
第六條　入港後傳染病患者又ハ其ノ疑似症患者ヲ發生シタル船
舶ニハ前條ノ規定ヲ準用ス
第七條　前二條ノ場合ニ於テ當該吏員ハ船舶所在地ニ於テ完全
ニ防疫上必要ナル處置ヲ為スヲ得スト認ムルトキハ其ノ船舶

No. 5

ニ対シ検疫所長ノ他適当ノ地點ニ廻航ヲ命スルコトヲ得

第十八條　当該吏員ニ於テ必要ト認ムルトキハ何時ニテモ船舶ニ臨検シ又ハ泊地ノ指定若ハ其ノ他必要ノ事項ヲ命スルコトヲ得

第十九條　船舶ニシテ警察官吏ノ救援ヲ要スル場合ハ晝間ニ在リテハ国際信號SＴヲ掲ケ夜間ニ在リテハ藍火又ハ閃火ヲ示スヘシ

第二十條　船舶ニシテ火ヲ失シタルトキハ時鐘若ハ之ニ類似ノ振鳴器ヲ連打シ又ハ汽笛ヲ連吹シ晝間ニ在リテハ国際信號NＱヲ掲ケ夜間ハ號火、火箭等ヲ用ヰ見易キ發火信號ヲ為シ且断

No. 6

ヱス紅燈ヲ上下スヘシ

前項ノ外危急ノ場合ニ遭遇シ救助ヲ要スルトキ亦同シ

但シ晝間ハ国際信號NCヲ揚クヘシ

第十一條 船舶ハ所轄警察官署ノ許可ヲ得ルニ非サレハ危険武器又ハ爆發物ヲ搭載シ又ハ陸揚スルコトヲ得ス船舶ニシテ爆發物ヲ搭載シタルトキハ晝間ニ在リテハ赤旗夜間ニ在リテハ紅燈ヲ揭ケ完全ナル位置ニ碇泊シ警察官吏ノ指揮ヲ受クヘシ

第十二條 第五條、第七條、第九條、及第十條ノ信號ハ西洋形以外ノ船舶ニ在リテハ晝間ハ赤旗夜間ハ紅燈ヲ以テ之ニ代フ

No.

ルコトヲ得

第十三條 船舶ノ碇泊、船客船員ノ乗降、貨物ノ積卸ハ特ニ定メラレタル地點アルトキハ其ノ地點以外ニ於テ之ヲ為スコトヲ得ス

第十四條 船舶ハ航路ノ障害ト為ルヘキ場所ニ碇泊スヘカラス

第十五條 塵芥、灰燼、土砂其ノ他船舶ニ障害ヲ及ホスノ虞アル物件ハ之ヲ港内ニ投棄スヘカラス

第十六條 第十七條ニ依リ検疫所ニ廻航ヲ命シタル船舶ノ消毒其ノ他ノ費用ハ船長又ハ其ノ代理者ヨリ之ヲ納付スヘシ

第十七條 警察署長ハ船舶ニ危害ヲ及ホスノ虞アル難破物、委

No. 7

棄物其ノ他ノ物件ヲ期間ヲ定メテ義務者ヲシテ之ヲ取除キ又ハ破壊セシムルコトヲ得

前項ノ場合ニ於テ義務者其ノ義務ヲ履行セス又ハ之ヲ履行スルモ充分ナラスト認ムルトキハ警察署長ニ於テ之ヲ施行シ又ハ第三者ヲシテ施行セシメ其ノ費用ハ義務者ヨリ之ヲ徴収スルコトヲ得

第十八條　本令及本令ニ基キ為シタル處分ニ違反シタル者ハ二百圓以下ノ罰金又ハ科料ニ處ス

船舶ニ在リテハ前項ノ規定ハ船長又ハ船長ニ代ハリ其ノ職務ヲ行フ者ニ之ヲ適用ス

南満洲鐵道株式會社

No. 8

第十九條 當該官廳ハ本令ニ依ル罰金、科料若ハ費用ノ完納又ハ相當擔保物ノ提供アルマデ當該船舶ノ出港ヲ許サザルコトアルベシ

附則

第二十條 本令ハ大正三年一月一日ヨリ之ヲ施行ス

第二十一條 明治三十九年九月府令第七號港灣出入船舶取締規則ハ之ヲ廢止ス

南満洲鉄道株式会社

埠頭貨物取扱規則

大正四年十月　社則第五号

No. 21324

貨物取扱規則

大正四年十月改正

No.

南満洲鉄道株式会社

埠頭貨物取扱規則（大正四年十月社則第五號）

第一條　本會社ノ埠頭構内ニ在ル貨物ノ取扱ハ鉄道運送規程又ハ倉庫營業規程ニ別段ノ定アルモノノ外本規則及之ニ附随スル諸規程ニ依ル

第二條　埠頭構内ニ於ケル貨物ニ対スル作業ハ總テ會社ニ於テ之ヲ取扱ヒ之ニ要スル人夫ハ會社ノ使用人又ハ特ニ會社ノ認許シタル者ニ限ル

第三條　埠頭又ハ浮標ニ繋留シ若ハ防波堤内ニ碇泊セル船舶内ニ於ケル荷役人夫ハ會社ヨリ供給シタル者又ハ特ニ會社ノ認

ヨ－0022　B列5　20字×10　南満洲鉄道株式會社　(15.10.7,500冊)

2 No.

許シタル者ニ限ル

第四條　會社ハ貨物ノ取扱ニ関シ相当ノ注意ヲ拂フヘシ

貨物取扱中ニ生シタル損害ハ會社ノ使用人ノ故意又ハ重大ナル過失ニ因ルモノニ非サレハ會社ハ其責ニ任セス

天災、事変、火災、風、雨、雪、露、霜、雨漏、波浪、浸水、濕水、蟲害、鼠喰、貨物ノ性質、発汗又ハ包装ノ不完全、氣候ノ変化、防疫、官憲ノ処分、同盟罷業、強盗其他ノ不可抗力ニ基因スル損害並包装又ハ防護不充分ナルカ為メニ生シタル損害ニ付テハ會社ハ其責ニ任セス

第五條　船舶内ニ於ケル作業ハ當該船舶指揮者ノ指揮監督ノ下

3 No.

ハ之ヲ行ヒ之ニ要スル荷役用具ハ当該船舶ノ負担トス

前項作業中ニ生シタル損害ニ付テハ前条第二項ノ規定ヲ準用ス

第六条 倉内取扱ニ係ル貨物ノ損害ハ其ノ発生カ作業中ナルト否トヲ問ハス会社ノ使用人ノ故意ニ因ルモノニ非サレハ会社ハ其責ニ任セス船舶ヨリ倉内陸揚シタル貨物ノ船舶係ト会社間ノ授受ハ翌日昼間ニ於テ当該船舶ノ船長又ハ其代理者立会ノ上之ヲ行フヘシ

第七条 船舶ヨリ陸揚セラレタル貨物ハ当該船舶揚荷終了ノ日ヨリ四日以内ニ引取ルヘシ

9—0022　B列5　28字×10　南満洲鉄道株式会社　(15.10. 7,500冊)

No.

第八條　船舶ニ依ラズシテ埠頭構内ニ送致セラレタル貨物ハ其荷卸ノ日ヨリ七日以内ニ引取ルベシ

前項ノ貨物ニシテ船積セラレズ又ハ鐵道ニテ發送セラレズシテ直ニ構外ニ搬出セラルル物ニハ前項ノ假置猶豫期間ヲ與ヘズ

第九條　前條ノ期間内ニ引取ラレザル貨物ニ對シテハ其期間滿了後假置料ヲ徴シ殘荷取扱料ヲ申受ク

但第八條ノ貨物ニ對シテハ七日以上所定ノ船積區域内ニ在リタル場合ノ外殘荷取扱料ヲ申受ケズ

第十條　第七條及ビ第八條ノ期間滿了後一箇年ヲ經過スルモ尚

5　No.

引取ノ催告ヲ為スヘシ
前項ノ催告発送後三箇月ヲ経過シタルトキハ会社ハ相当ノ方法ヲ以テ之ヲ換價スルコトアルヘシ此場合ニ於テハ会社ハ遅滞ナク之ヲ貨主又ハ当該船舶代理者ニ通知スヘシ
第十一條　貨物引取ノ手續ヲ終リタル後直ニ貨物ノ引取ヲ為ササル為損害ヲ生スルコトアルモ会社ハ其責ニ任セス
前項ノ場合ニ於テ会社ハ引取ヲ為ササル貨物ニ対シ假置料之倍ノ料金ヲ申受クルコトアルヘシ
第十二條　貨物取扱上又ハ保存上必要ト認メタル場合ニハ会社ハ貨主ノ承諾ヲ待タスシテ改装置換等ノ処分ヲ為スコトアル

ヨ—0022　B列5　28字×10　南満洲鐵道株式會社　(15. 10. 1,500冊)

6 No.

ヘシ但シ其費用ハ貨主ノ負担トス
第十三條 會社ハ貨物ノ内容、状態、重量、容積及ヒ價格ニ対シ其責ニ任セス
第十四條 會社ハ貨主又ハ利害関係人ノ請求ニ依リ貨物ノ検査ヲ為シ又ハ證明書ヲ交付スルコトアルヘシ
第十五條 會社ハ同盟罷業又ハ荒天其他ノ事由ニ因リ作業ニ対スル賃金ノ割増ヲ申受ケ又ハ作業ノ要求ヲ拒絶スルコトアルヘシ
第十六條 會社ハ貨主ノ委託ニ依リ貨物ノ運送取扱立替金取立通関手續保険契約其他ノ事務ヲ代辯スルコトアルヘシ

7 No.

第十七條 倉庫営業規程第二十六條第二十七條乃至第百三條第一項乃至第三項ノ規程ハ本規則ニ依リ取扱フ貨物ニ対シ之ヲ準用ス

第十八條 本規則ノ諸料金ハ埠頭料金表

第十九條 埠頭事務所ニ於ケル執務時間ハ別ニ定ムル所ニ依ル

第二十條 四方拝 紀元節 天長節祝日、大陰暦元旦、乃至仲秋節ハ一切ノ事務乃至作業ヲ休止ス

祭日乃至日曜日ハ午後ニ限リ事務ヲ休止ス

附 則

第二十一條 本規則ハ大正九年十二月一日ヨリ之ヲ施行ス

南満洲鉄道株式会社

埠頭貨物取扱規則

大正九年十二月一日改正

貨物取扱規則

大正九年十二月一日

施行

南滿洲鐵道株式會社 埠頭貨物取扱規則
貨物火災保險規則、手荷物取扱規定
並油混合保管ノ條件

南満洲鐵道株式會社埠頭貨物取扱規則（大正九、一二、一改正）

第一條　本會社ノ埠頭構内ニアル貨物ノ取扱ハ鐵道運送規程又ハ倉庫營業規程ニ別段ノ定アルモノノ外本規則及之ニ附隨スル諸規程ニ依ル

第二條　埠頭構内ニ於ケル貨物ニ對スル作業ハ總テ會社ニ於テ之ヲ取扱ヒ之ニ要スル人夫ハ會社ノ使用人又ハ特ニ會社ノ認許シタル者ニ限ル

第三條　埠頭ニ繋留セル船舶内ニ於ケル荷役人夫ハ會社ヨリ供給シタル者又ハ特ニ會社ノ認許シタル者ニ限ル

第四條　會社ハ貨物ノ取扱ニ關シ相當ノ注意ヲ拂フヘシ

貨物取扱中ニ生シタル損害ハ會社ノ使用人ノ故意又ハ重大ナル過失ニ因ルモノニ非サレハ會社ハ其ノ責ニ任セス

天災、事變、火災、風、雨、雪、露、霜、雨漏、波浪、浸水、濕氣、蟲害、鼠嚙、貨物ノ性質、荷造又ハ記號ノ不完全、氣候ノ變化、防疫、官憲ノ處分、同盟罷業、強盜其ノ他ノ不可抗力ニ基因スル損害、無包裝又ハ防護不充分ナル為ニ生シタル損害ニ付テハ會社ハ其ノ責ニ任セス

第五條　船舶内ニ於ケル作業ハ當該船舶指揮者ノ指揮監督ノ下ニ之ヲ行ヒ之ニ要スル荷役用具ハ當該船舶ノ負擔トス

前項作業中ニ生シタル損害ニ付テハ前條第二項ノ規定ヲ準用ス

第六條　夜間取扱ニ係ル貨物ノ損害ハ其ノ發生カ作業中ナルト否トヲ問ハス會社ノ使用人ノ故意ニ因ルモノニ非サレハ會社ハ其ノ責ニ任セス

船舶ヨリ夜間卸揚シタル貨物ノ船舶及會社間ノ授受ハ翌日晝間ニ於テ當該船舶ノ船長又ハ其ノ代理者立會ノ上之ヲ行フヘシ

第七條　船舶ヨリ陸揚セラレタル貨物ハ當該船舶荷役終了ノ日ヨリ四日以內ニ引取ルヘシ

第八條　船舶ニ依ラスシテ埠頭構內ニ送致セラレタル貨物ハ其ノ荷卸ノ日ヨリ七日以內ニ引取ルヘシ前項ノ貨物ニシテ船積セラレス又ハ鐵道ニテ發送セラレスシテ再ヒ構外ニ搬出セラルルモノニハ前項ノ假置猶豫期間ヲ與ヘス

第九條　前二條ノ期間內ニ引取ラレサル貨物ニ對シテハ其ノ期間滿了後假置料及倉荷取扱料ヲ申受ク但第八條ノ貨物ニ對シテハ七日以上所定ノ船積期間內ニ在リタル場合ノ外倉荷取扱料ヲ申受ケス

第十條　第七條及第八條ノ期間滿了後一箇年ヲ經過スルモ尚引取ラレサル貨物ニ就テハ會社ハ貨主又ハ當該船舶代理者ニ對シ取引ノ催告ヲ爲スヘシ

前項ノ催告發送後三箇月ヲ經過シタルトキハ會社ハ相當ノ方法ヲ以テ之ヲ換價スルコトアルヘシ此ノ場合ニ於テハ會社ハ遲滯ナク之ヲ貨主

3

又ハ當該船舶代理者ニ通知スヘシ

第十一條　貨物引取ノ手續ヲ終リタリ後直ニ貨物ノ引取ヲ爲サヽル爲損害ヲ生スルコトアルモ會社ハ其ノ責ニ任セス

前項ノ場合ニ於テ會社ハ引取ヲ爲サヽル貨物ニ對シ假置料二倍ノ料金ヲ申受クルコトアルヘシ

第十二條　貨物取扱上又ハ保存上必要ト認メタル場合ニハ會社ハ貨主ノ承諾ヲ待タスシテ改裝、置換等ノ處分ヲ爲スコトアルヘシ但シ其ノ費用ハ貨主ノ負擔トス

第十三條　會社ハ貨物ノ内容、狀態、重量、容積及價格ニ對シ其ノ責ニ任セス

第十四條　會社ハ貨主又ハ利害關係人ノ請求ニ依リ貨物ノ檢査ヲ爲シ又ハ證明書ヲ交付スルコトアルヘシ

第十五條　會社ハ同盟罷業又ハ天災其ノ他ノ事由ニ因リ作業ニ對スル料金ノ割増ヲ申受ケ又ハ作業ノ要求ヲ拒絶スルコトアルヘシ

第十六條　會社ハ貨主ノ委託ニ依リ貨物ノ運送取扱、立替金取立、通關手續、保險契約其ノ他ノ事務ヲ代辨スルコトアルヘシ

第十七條　倉庫營業規程第二十六條、第二十七條及第百三條第二項及第三項ノ規程ハ本規則ニ依リ取扱フ貨物ニ對シ之ヲ準用ス

第十八條　本規則ノ諸料金ハ埠頭料金表ニ依ル

第十九條　埠頭事務所ニ於ケル執務時間ハ別ニ定ムルトコロニ依ル

第二十條　四方拝、紀元節、天長節祝日、太陰暦元旦、端午節及仲秋節ハ一切ノ事務及作業ヲ休止ス祭日及日曜日ハ午後ニ限リ事務ヲ休止ス

附　則

第二十一條　本規則ハ大正九年十二月一日ヨリ之ヲ施行ス

◎埠頭料金表

甲　料金計算規則

第一條　船舶又ハ貨主ノ請求ニ依リ時間外作業ヲ爲シタルトキハ其ノ料金ニ對シテ左ノ割増金ヲ申受ク

一　所定ノ終業時ヨリ午後十二時迄若ハ其ノ以内　　五割増

一　午前零時ヨリ所定就業時迄若ハ其ノ以内　　十割増

前項ノ場合ニ於テ船舶揚積作業ヲ爲シタルトキハ其ノ請求者ヨリ船内人夫賃及揚積賃ニ對シ前項ノ割増金ヲ申受ク

第二條　埠頭貨物取扱規則第八條第二項ノ貨物ニ對シテハ假置料計算日數カ十日ニ滿タサル場合ト雖十日分ノ料金ヲ申受ク

第三條　船積貨物ニシテ所定ノ區域外ニアルトキハ別ニ定ムル荷繰賃ヲ申受ク

第四條　埠頭貨物取扱規則第八條ノ貨物ニシテ倉庫營業規程ニ依ル寄託ニ移サレタルトキハ埠頭構内ニ送致セラレタル日ヨリ受寄ノ前日迄ノ假置料ヲ申受ク

前項ノ貨物ニシテ送致ノ日ヨリ受寄ノ前日迄ニ七日ヲ經過シタルトキハ埠頭貨物取扱規則第九條ヲ準用シ繰荷取扱料ヲ申受ク

第五條　埠頭貨物取扱規則第七條及第八條ノ期間内ニ倉庫營業規程ニ依

ル寄託ヲ爲シタルトキハ之ニ要シタル荷繰ニ對シテハ還荷取扱料ヲ申受ク

第六條　輸入貨物ニシテ船舶ヨリ埠頭陸揚後二十日以内ニ船積輸出セラルル場合ニ於テ埠頭陸揚前仕向地、品名、數量其ノ他必要事項ノ申出アリタルトキハ後積貨物トシテ別ニ定ムル料金ヲ申受ク

第七條　船舶荷役用具不足ノ場合ニハ會社ハ相當ノ使用料ヲ申受ケ之ヲ貸與スルコトアルヘシ但シ之ニ基因スル損害アルモ會社ハ其ノ責ニ任セス

第八條　本表ニ於テ一噸ト稱スルハ四十才、四十立方呎、六石、千五百十二斤、二千封度又ハ九百七十瓩トシ會社ノ選擇ニ依リ之ヲ定ム

第九條　噸ノ端數ハ第一位ニ止メ以下之ヲ切上ケ錢ノ端數ハ之ヲ切上ク但シ船車聯絡貨物ニ就キ特別ノ規定アル場合ハ此ノ限ニ在ラス

第十條　容器ニ入レタル動物ノ才量ハ其ノ容器ノ儘計算ス

第十一條　料金ハ其ノ率ヲ異ニスル毎ニ各別ニ計算ス

第十二條　各種料金カ各金拾錢ニ滿タサルトキハ各金拾錢ヲ申受ク但シ所定ノ時間外ニ入港シタル船舶ノ時間外作業ニ對スル料金ハ金貳拾圓ニ滿タサル場合ト雖金貳拾圓ヲ申受ク

會社ニ於テ準備ヲ爲シタル後所定時間外作業取消ノ申込ヲ受ケタルト

ヤハ金貳拾圓ヲ申受タルコトアルヘシ

第十三條　申請價値實物證ノ再發行、名義書換又ハ分割ノ請求ニ對シテハ一通ニ付金拾錢ヲ申受ク

第十四條　貨物ニ對スル證明書ノ請求ニ對シテハ一件ニ付金貳圓ヲ申受ク

第十五條　本表ニ揭ケサル實物及作業ニ對シテハ別ニ定ムル料金ヲ申受ク

乙　料金率

第一　船内人夫賃

一　一般作業

(イ)　普通貨物　一噸　金貳拾錢

一個一噸又ハ一噸ヲ超ユル貨物ハ別ニ定ムルトコロニ依ル

(ロ)　特別貨物

品名	單位	賃率
駱駝、牛、馬、騾、驢(容器ニ入レサルモノ)	一頭	金參拾錢
羊、山羊、豚(同)	同	金拾錢
小鷄類	一隻	金六拾錢
死體	一個	金壹圓

危險品　一噸　金參拾錢

貴重品 ┌ 價格金壹千圓迄　金拾錢
　　　　└ 價格金壹千圓以上ハ金壹千圓若ハ其ノ未滿每ニ　金貳錢ヲ加フ

二　特別作業　其ノ都度協定スルモノトス

三　艀克揚積ノ場合ハ船內人夫賃ヲ申受ケス

第二　陸揚賃及船積賃

(イ)　普通貨物（每一噸ニ付）　陸揚賃／船積賃　各　金五拾五錢

一箇一噸又ハ一噸ヲ超ユル貨物ハ別ニ定ムルトコロニ依ル

(ロ)　特種貨物

品名	單位	陸揚賃／船積賃　各
駱駝、牛馬、騾驢（容器ニ入レサルモノ）	一頭	金壹圓五拾錢
羊、山羊、豚（同）	同	金參拾錢
小雞	一隻	金參圓
死體	一箇	金貳圓
危險品　燐寸	一噸	金六拾錢
危險品　其ノ他	同	金壹圓貳拾錢

9

品名	單位	賃率
貴重品（價格金壹千圓迄）		金四拾錢
貴重品（價格金壹千圓以上ハ金壹千圓若ハ其ノ未滿毎ニ）		金八錢ヲ加フ

(ハ) 特定船積貨（毎一噸ニ付）

品名	賃率
豆類 豆粕類 穀類及種子類 食鹽	金參拾錢
豆油類	金四拾錢

第三 假置料

(イ) 普通貨物（毎一日一噸ニ付） 金參錢五厘

(ロ) 特種貨物（毎一日ニ付）

品名	單位	賃率
小船類	一隻	金拾五錢
死體	一個	金拾錢
危險品	一噸	金拾錢
貴重品（價格金壹千圓若ハ其ノ未滿毎ニ）		金貳錢
木材類（工ヲ加ヘザルモノ）	一噸	金壹錢五厘

10

第四　殘荷取扱料

品名	單位	賃率
普通貨物	一噸	金貳拾錢
小船類	一隻	金壹圓
死體	一箇	金壹圓
貴重品（價格金壹千圓若ハ其ノ未滿端數ニ付）		金拾錢

一箇一噸又ハ一噸ヲ超ユル貨物ハ別ニ定ムルトコロニ依ル

暫行營口港水先人取締規則

康德三年四月十日

交通部令第十四号

改正康德六年七月部令十四号

No.

20277

29

暫行營口港水先人取締規則

康德三年十月十日

No.

暫行営口港水先人取締規則

康徳三年四月十日
交通部令第一四號
改正　康徳六年七月部令第一四號

暫行営口港水先人取締規則

第一條　本令ニ於テ水先人トハ交通部大臣ノ下附シタル水先許可證ヲ有スル者ヲ謂フ

第二條　水先人ニ非ザレバ営口港水先区ニ於テ船舶ニ水路嚮導スルコトヲ得ス
営口港水先区ハ西細西石油桟橋東上端ヨリ真方位百七十七度

ヨ－0022　B列5　28字×10　南満洲鐵道株式會社

No.

ニ引キタル一線ヨリ河口燈台船ヲ中心トシ十五哩ノ半径ヲ有スル圓圏ノ一弧內ニ到ル水域トス

第三條　水先人其ノ業務ニ從事スルトキハ水先許可證ヲ携帶スヘシ

第四條　水先人ハ水先組合ヲ組織シ営口航政局長ノ認可ヲ受クヘシ

第五條　水先人ヲ要招セントスルトキハ船長又ハ代理店ハ少クモ二十四時間前ニ水先組合ニ申込ムヘシ

第六條　水先案内料ハ別表ニ定ム

第七條　水先人水路ノ嚮導ヲ終リタルトキハ左ノ事項ヲ記載シ

No.

得ベキ様調製シタル書面ニ署名捺印シテ之ヲ船長ニ提出スヘ
シ

一、船舶ノ名称、國籍、所有者、積量及吃水

二、水路ノ嚮導ヲ始メ及之ヲ終リタル日時

三、水先案内料ノ額

船長ハ前項ノ書面ニ前項各號ノ事項ヲ記入シ且署名捺印シ
テ水先人ニ交付スベシ

第八條　水先人ハ毎月十日迄ニ前月中ニ水路ヲ嚮導シタル船舶
ニ関シ前條ノ書面ヲ営口航政局長ニ差出スヘシ

第九條　水先人水先区ニ於テ左ノ各號ノ一ニ該当スル~~場合ニ於~~事實ヲ認

ヨ－0022　B列5　28字×10　南満洲鐵道株式會社　(16. 6. 5,000冊 納所敬)

No.

メタルトキハ遅滞ナク営口航政局長ニ報告スヘシ

一 海難ニ罹リタルコト

二 航路、航路標識ニ異変アルコト

三 航路ノ妨害トナルベキモノノ存在スル

四 其ノ他航行上危険ノ虞アル事實アルコト

第十條 水先人其ノ業務ニ従事スルニ當リ左ノ各號ノ一ニ該当スル場合ニ於テハ営口航政局長ハ之ヲ審査シ必要アリト認ムルトキハ当該水先人ニ対シ水先許可證ノ行使ヲ禁止シ一年以内其ノ行使ヲ停止シ又ハ之ヲ譴責スルコトヲ得

一 過失、懈怠又ハ不正ノ行為ニ因リ船舶ニ損害ヲ加ヘ又ハ

No.

之ヲ沈没セシメタルトキ、

二　過失、懈怠又ハ不正ノ行為ニ因リ人ヲ死傷ニ致シタルトキ

三　乱酔、粗暴其ノ他失行アリタルトキ

四　業務ヲ怠リ又ハ業務上ノ義務ニ違反シタルトキ

第十一條　左ノ各號ノ一ニ該当スル者ハ二百元以下ノ罰金ニ處ス

一　水先許可證ノ行使ヲ停止セラレタル者其ノ期間中水先業務ヲ営ミタル者及之ヲシテ水路ヲ嚮導セシメタル者

二　他人ヲシテ自己ノ水先許可證ヲ行使セシメタル者及他人

ヨ－0022　B列5　28字×10　南滿洲鐵道株式會社　(15, 6, 5,000冊 納所納)

No. 6

ノ水先許可證ヲ行使シタル者

三　第六條ノ規定ニ違反シテ水先案内料ヲ授受シタル者

四　詐欺ノ目的ヲ以テ船舶ノ吃水若ハ積量ニ付水先人ニ対シ不實ノ告知ヲ為シ又ハ吃水ノ標示ヲ変更シタル者

五　水先人ニ非ズシテ水先区ニ於テ水路ヲ嚮導シタル者及嚮導セシメタル者

第十二條　本令ハ公布ノ日ヨリ之ヲ施行ス

第十三條　康徳元年交通部令第一二號ハ之ヲ廢止ス

附　則（康徳六年七月十三日交通部令第一七號）

本令ハ公布ノ日ヨリ之ヲ施行ス

（別表略）

ヨ－0022　B列5　28字×10　南満洲鐵道株式會社　(16. 6. 5,000冊 [illegible])

暫行壺蘆島港水先人取締規則

康徳四年十二月十五日

交通部令第五一号

No. 20278

27

暫行壺蘆島港水先人取締規則

康德四年十月十五日

ヨ-0022　B列5　28字×10　南滿洲鐵道株式會社

No.

暫行壺蘆島港水先人取締規則

康徳四年十月十五日

交通部令　第五一號

茲ニ暫行壺蘆島港水先人取締規則ヲ左ノ通制定ス

暫行壺蘆島港水先人取締規則

第一條　交通部大臣ノ許可ヲ受ケタル水先人ニ非サレハ壺蘆島港ニ於テ船舶ニ水路ヲ嚮導スルコトヲ得ズ

第二條　壺蘆島港水先区左ノ如シ

壺蘆島高角ヨリ正南ニ引キタル一線及望海寺角ヨリ正東ニ引キタル一線以内ノ水域

ヨ－0022　B列5　28字×10　南満洲鐵道株式會社

No.

第三條 水先案内料ハ別表ノ定ムル所ニ依ル

第四條 水先人水路ノ嚮導ヲ終リタルトキハ左ノ事項ヲ記載シ得ヘキ様調製シタル書面ニ署名捺印シテ之ヲ船長ニ提出スヘシ

一 船舶ノ名稱、國籍、所有者、積量及吃水

二 水路ノ嚮導ヲ始メ之ヲ終リタル日時

三 水先案内料ノ額

船長ハ前項ノ書面ニ各號ノ事項ヲ記入シ且署名捺印シテ水先人ニ交付スヘシ

第五條 水先人ハ毎月十日迄ニ前月中ニ水路ヲ嚮導シタル船舶

ヨ－0022 B列5 28字×10 南滿洲鐵道株式會社 (18. 6. 5,000冊 …)

No.

ニ関シ前條ノ書面ヲ營口航務局壺蘆島分局長ニ差出スヘシ

第六條　水先人水先区ニ於テ左ノ各號ノ一ニ該当スル事實ヲ認メタルトキハ営口航務局壺蘆島分局ニ報告スヘシ

一　海難ニ罹リタルコト

二　航路、航路標識ニ異変アルコト

三　航路ノ妨害トナルヘキモノノ存在スルコト

四　其ノ他航行上危険ノ虞アル事實アルコト

第七條　水先人其ノ業務ニ從事スルニ当リ左ノ各號ノ一ニ該当スル場合ニ於テハ交通部大臣之ヲ懲戒ス、

一、過失、懈怠又ハ不正ノ行為ニ因リ船舶ニ損害ヲ加ヘ又ハ

ヨ－0022　B列5　28字×10　南滿洲鐵道株式會社　(16, 6, 5,000冊)

No.

沈没セシメタルトキ

二 過失、懈怠又ハ不注意ノ行為ニ因リ人ヲ死傷ニ致シタルトキ

三、業務ヲ怠リ又ハ業務上ノ義務ニ違反シタルトキ

四、乱酔、粗暴其ノ他ノ失行アリタルトキ

第四八條 懲戒ハ左ノ三種トス

一 免状行使ノ禁止

二 免状行使ノ停止

三 譴責

免状行使ノ停止ハ一年以内トス

No.

第九條　左ノ各號ノ一ニ該当スル者ハ二百圓以下ノ罰金ニ處ス

一　水先許可證ノ行使ヲ停止セラレタル者其ノ期間中水先業務ヲ営ミタル者及之ヲシテ水路ヲ嚮導セシメタル者

二　他人ヲシテ自己ノ水先許可證ヲ行使セシメタル者及他人ノ水先許可證ヲ行使シタル者

三　第三條ノ規定ニ違反シテ水先案内業務ヲ授受シタル者

四　詐偽ノ目的ヲ以テ船舶ノ吃水若ハ積量ニ付水先人ニ対シ不實ノ告知ヲ為シ又ハ吃水ノ標示ヲ変更シタル者

五　水先人ニ非スシテ水先区ニ於テ水路ヲ嚮導セシタル者及嚮導セシメタル者

ヨ－0022　B列5　28字×10　南満洲鐵道株式會社　(16, 6, 5,000冊 ...)

No.

附　則

本令ハ公布ノ日ヨリ之ヲ施行ス

ヨ－0022　B列5　28字×10　南滿洲鐵道株式會社　(18. 6. 5,000冊 編川 納)

No.

(28)

壺蘆島港ニ於ケル碇泊所ノ指定ニ関スル

特定信号及之ヲ行フ場所

康徳五年五月一日

ヨ—0022　B列5　28字×10　南満洲鐵道株式會社

No.

壺蘆島港ニ於ケル碇泊所ノ指定ニ関スル特定信號及之ヲ
行フ場所

康德五年五月一日

山海関税関佈告第五號

南港取締法施行規則第一條ノ規定ニ依リ壺蘆島港ニ於ケル碇泊所ノ指定ニ関スル特定信號及之ヲ行フ場所ヲ左ノ通定ム

一 左ノ信號ハ壺蘆島駅埠頭照明燈塔ニ於テ之ヲ行フ

信號		信文
國際信號数字旗	一	埠頭区第一区ニ繋留スヘシ
同	二	埠頭区第二区ニ繋留スヘシ

No.

國際信號数字旗　三　埠頭区第三区ニ繋留スヘシ

同　四　埠頭区第四区ニ繋留スヘシ

同　五　埠頭区第五区ニ繋留スヘシ

同　六　埠頭区第六区ニ繋留スヘシ

同　七　埠頭区第七区ニ繋留スヘシ

同　八　埠頭区第八区ニ繋留スヘシ

同　九　埠頭区第九区ニ繋留スヘシ

同　一〇　埠頭区第十区ニ繋留スヘシ

同　一一　埠頭区第十一区ニ繋留スヘシ

同　一二　埠頭区第十二区ニ繋留スヘシ

ヨ－0022　B列5　28字×10　南滿洲鐵道株式會社

No.

黒球ノ下ニ國際信號數字旗一第一番浮標ニ繫留スヘシ
同　　　　　　　　　二第二番浮標ニ繫留スヘシ
同　　　　　　　　　三、第三番浮標ニ繫留スヘシ
同　　　　　　　　　四第四番浮標ニ繫留スヘシ
同　　　　　　　　　五第五番浮標ニ繫留スヘシ
黒球一箇　　　　　　埠頭ニ繫留スヘシ
二、前頃ノ特定信號ハ夜間ニ在リテハ「モールス」式發光信號ヲ以
テ之ヲ行フ

ヨ－0022　B列5　28字×10　南滿洲鐵道株式會社

旅順港取締規則

昭和二年四月十八日
関東庁令第十六号
昭和四年第二二号
昭和九年第十四号
昭和九年第二一号
昭和九年第三五号
昭和十四年八三号

No. 20275

（14）

廳令

旅順港取締規則（現行）

昭和二年四月十一日

ヨ－0022　B列5　28字×10　南滿洲鐵道株式會社

No.

旅順港取締規則

昭和二年四月十八日

関東廳令第十六號

昭和四年第二二號

昭和九年第十四號

昭和九年第二一號

昭和九年第三五號

昭和十四年第八三號

旅順港取締規則左ノ通改正ス

旅順港取締規則

No.

第一條　本令ニ於テ港内ト称スルハ旅順港規則第一條ニ規定スル第二区中別図第二区第一、第二標木ヲ連絡シタル想像線以北ノ海面及第三区ヲ謂フ

第二條　西港ヲ除ク第三区ノ水域ヲ船舶ノ自由碇泊所トシ西港並ニ西港内岸及桟橋ハ之ヲ船舶ノ碇泊所又ハ繋留所トス但シ汽艇、支那形船其ノ他小廻船ニ対シテハ別図第二区内第一、第二標木ヲ連絡シタル一線以北ノ水域ヲモ其ノ碇泊所及繋留所トス第三区自由碇泊所中老虎尾燈台ヨリ南五度西ニ引キタル延長線以東ノ水域ヲ検疫錨地トス

第三條　入港船舶自由碇泊所以外ノ港内ニ碇泊セムトスルトキ

No.

ハ関東海務局長（以下海務局長ト称ス）ノ指定ヲ受クヘシ但シ汽艇、支那形船其ノ他小廻船ハ航路又ハ運航ノ妨害ト為ラサル限リ指定ヲ俟タス碇泊スルコトヲ得

第四條　海務局長ニ於テ必要アリト認ムルトキハ船舶ニ対シ碇泊所ノ変更又ハ運航ノ停止ヲ命スルコトヲ得

第五條　港内ニ在ル船舶ハ海務局長ノ許可ヲ得ルニ非サレハ其ノ碇泊所ヲ変更スルコトヲ得ス但シ風波災害其ノ他已ムコトヲ得サル場合ハ此ノ限ニ在ラス

前項但書ニ依ル碇泊所ヲ変更シタルトキハ遅滞ナク其ノ事由及碇泊所ヲ海務局長ニ届出ツヘシ

B列5　28字×10　南満洲鐵道株式會社

No.

第六條　船舶入港ノ場合ニ於テハ港外ヨリ碇泊所ニ就ク迄、出港ノ場合ニ於テハ碇泊所ヲ離ルル時ヨリ港外ニ出ヅル迄晝間ハ國旗及信號符字ヲ表示シ夜間ハ所定ノ燈火ヲ揭クヘシ港内運航ノトキ亦同シ

第七條　関東州外ヨリ入港スル船舶ハ傳染病豫防ノ為検疫ヲ受クヘシ

前項ノ船舶ハ入港前ヨリ検疫信號ヲ揭クヘシ

検疫信號ハ晝間ハ前檣頭ニ黄旗ヲ揭ケ夜間ハ同所ニ紅白二燈ヲ上下ニ連揭スルモノトス

定期郵便船又ハ時ニ緊急ヲ要スル艀船ニシテ夜間入港セムト

No.

スルトキハ成規ノ検疫信號ヲ揭クルノ外汽笛長三聲ヲ發シ関
東海務局（以下海務局ト稱ス）官吏ノ臨検ヲ求ムヘシ
前項ノ船舶ハ豫メ船主又ハ代理店ヨリ其ノ旨ヲ海務局ニ届出
ツヘシ
第八條　前條ノ船舶ハ検疫錨地ニ假泊シ海務局官吏ノ臨検ヲ受
ケ別記第一號書式ノ着港届ヲ提出シ別記第二號書式ノ交通許
可證ヲ受クルニ非サレハ陸地若ハ他船トノ交通、船客若ハ船
員ノ上陸又ハ物件ノ陸揚ヲ爲スコトヲ得ス
第九條　関東州沿岸ノミヲ航行スル船舶入港シタルトキハ直ニ
別記第一號書式ノ着港届ヲ差出スヘシ

コ－0022　B列5　20字×10　南满洲鐵道株式會社　(16. 6. 5,000冊)

No.

前項ノ船舶左ノ各号ノ一ニ該当スルトキハ前二條ノ規定ヲ準用ス

一　現ニ傳染病若ハ其ノ疑アル患者又ハ死者アルトキ

二　航海中傳染病若ハ其ノ疑アル患者又ハ死者アリタルトキ

三　傳染病流行地ヲ發シ若ハ其ノ地ヲ経テ来航シ又ハ傳染病毒ニ汚染シタル船舶ト交通シ其ノ他傳染病毒ニ汚染シ若ハ汚染シタル疑アルトキ

第十條　總噸数一千噸以上ノ船舶ハ水先人ノ水路嚮導アルニ非サレハ西港ニ来入スルコトヲ得ス但シ海務局長ノ許可ヲ受ケタルトキハ此ノ限ニ在ラス

コ－Ｂ0122　Ｂ列5　20字×10　南満洲鐵道株式會社　（16，8，5,000册　劉川納）

No.

前項ノ水路嚮導ノ区間ハ第二区南境界線ト碇泊所又ハ繋留所トノ間トス

海務局長ニ於テ必要アリト認ムルトキハ總噸数一千噸未満ノ船舶ト雖モ前項ノ規定ニ依ラシムルコトヲ得

第十一條　水先人船舶ニ乗込ミタル場合ト雖モ船舶ノ指揮ハ船長ノ責任トス

第十二條　削除

第十三條　船舶入港シタルトキハ着港後二十四時間内ニ海務局ニ船員名簿写ヲ提出シ同時ニ船舶国籍證書又ハ之ニ代ルヘキ諸書及最近発航地ノ出港免状ヲ預ケヘシ但シ船客、貨物ノ積

南満洲鐵道株式會社

No.

卸ヲ為サスシテ着港後二十四時間以内ニ出港スル場合ハ此ノ限ニ在ラス

前項ニヨリ預リタル書類ハ出港許可ト同時ニ之ヲ還付ス

支那形船及小廻船ニ在リテハ別記第五號書式ノ着港屆ヲ提出シ第一項ノ書類ニ代フルコトヲ得

第十四條 船舶ハ出港一時間前ニ別記第三號書式（支那形船舶ニ在リテハ別記第六號書式）ノ出港屆ヲ提出シ別記第四號書式ノ出港許可證ヲ受クルニ非サレハ出港スルコトヲ得ス

船舶ハ出港十二時間前ヨリ出帆旗ヲ前檣頭ニ揚ケヘシ但シ支那形船及小廻船ハ此ノ限ニ在ラス

コー0022 B列5 25字×10 南滿洲鐵道株式會社

No.

第十五條　出港許可證ヲ受ケタル後二十四時間以上碇泊スル船
船ハ更ニ前二條ノ手續ヲ爲スニ非サレハ出港スルコトヲ得ス
但シ荷役ヲ爲ササル場合ハ此ノ限ニ在ラス

第十六條　出港シタル船船避難、修繕其ノ他ノ事故ノ爲出港後
十二時間以内ニ歸港シタルトキハ其ノ事由ヲ記載シタル届書ヲ
港務局ニ提出シ着港届ニ代フルコトヲ得

第十七條　左ニ揭クル以外ノ場所ニ於テ貨物ノ積卸又ハ船客船
員ノ上陸若ハ乘船ヲ爲スコトヲ得ス但シ海務局長ノ許可ヲ受
ケタルトキハ此ノ限ニ在ラス
一　西港汐見崎ヨリ朝日町第二標木ニ至ル沿岸

ヲ－0022　B列5　28字×10　南滿洲鐵道株式會社　(16. 6. 5,000冊 ...)

No.

二第二区及第二標木ヨリ朝日町嚴島町ヲ経テ下関波止場ニ至ル沿岸

第十八條 老虎尾水道及出入航路ハ白玉山高底導燈ヲ一直線ニ視ル線ヨリ東西各百米ノ幅ヲ以テ南方ニ走ル並行線内トス

前項ノ航路ノ延長ハ老虎尾水道南端ノ浮標ヨリ五百米トス

第十九條 前條ノ航路ヲ航行セムトスルトキハ入港船ハ老虎尾水道外ニ於テ出港船ノ航路ヲ避クヘシ

船舶ハ老虎尾水道並前條ノ航路ニ於テ濫ニ停留若ハ投錨シ又ハ被曳船ヲ放チ其ノ他航路ノ妨害トナルヘキ行為ヲ為スヘカラス帆船ハ老虎尾水道ニ於テ縫航スヘカラス

No.

第二十條 海務局長ハ入出港船舶ニ対シ老虎尾山信號所ヨリ特定信號ヲ以テ入出港ニ関スル指示又ハ其ノ碇泊所ヲ示定ス

前項ノ特定信號ハ特ニ之ヲ告示ス

第二十一條 西港内ニ於ケル船舶ハ繋船壁又ハ桟橋ニ着發スル場合ヲ除クノ外老虎尾北端ト沙見嘴突端トヲ結ブ線以北ニ停留スヘカラス

第二十二條 船舶老虎尾水道ヲ通過セムトスルトキハ錨ヲ捲揚ケ海底電線ニ対スル危害ヲ豫防スヘシ

第二十三條 本令ニ於テ傳染病トハ「コレラ」、痘瘡、猩紅熱、「ペスト」、黄熱及發疹「チフス」ヲ謂フ

No.

傳染病ノ病源体保有者ハ本令ノ適用ニ付テハ之ヲ傳染病患者
ト看做ス
第二十四條　在港中ノ船舶其ノ船内ニ傳染病、赤痢、腸チフス」
「パラチフス」、「ジフテリヤ」、流行性脳脊髄膜炎又ハ其ノ疑アル
患者發生シタルトキハ檢疫信號ヲ揭ケ海務局官吏ノ指揮ヲ受
ケ更ニ別記第二號書式ノ交通許可證ヲ受クルニ非サレハ陸地
若ハ他船トノ交通、船客若ハ船員ノ上陸又ハ物件ノ陸揚ヲ為
スコトヲ得ス本項ノ病毒ニ汚染シ又ハ汚染ノ疑アル事実ヲ發
見シタルトキ亦同ジ
第二十五條　海務局長必要アリト認ムルトキハ船舶ニ臨檢シ船

No.

客ノ船員ノ健康診断ヲ行フコトヲ得

第二十六條　海務局長ハ牛、羊其ノ他ノ獸類又ハ其ノ屍体、肉、皮、毛骨類等ヲ搭載セル船舶ニ臨檢シ家畜傳染病豫防上其ノ他必要アリト認ムルトキハ左ノ處分ヲ為スコトヲ得

一　船舶ノ消毒ヲ為スコト

二　家畜又ハ其ノ屍体、肉、皮、毛骨類ニ対シテハ隔離、撲殺又ハ消毒等ノ處分ヲ為スコト

前項ノ船舶入港シタルトキハ海務局官吏ノ臨檢ヲ終ル迄國際信號ニ依リ第三代表旗ノ下ニI旗ヲ揭揚スヘシ

第二十七條　海務局長ハ船舶又ハ物件ニ対シ左ノ處分ヲ為スマ

ヨ－0022　B列5　20字×10　南満洲鐵道株式會社　(15.6.5,000冊)

No.

トヲ得

一　現ニ傳染病患者若ハ死者アルトキハ停船ヲ命シ患者、死者又ハ物件ノ處分ヲ指示シ船舶其ノ他ノ消毒若ハ鼠族、昆蟲等ノ驅除ヲ施行シ且必要アリト認ムルトキハ一定ノ期間旅客、船員ヲ檢疫所又ハ船内ニ停留スルコト

二　航海中傳染病患者又ハ死者アリタルモノニハ第一號ノ規定ニ準シテ處分スルコト

三　傳染病流行地ヲ發シ又ハ其ノ地ヲ経テ来航シ其ノ他傳染病毒ニ汚染シ若ハ汚染シタル疑アルモノニシテ必要アリト認ムルトキハ第一號ノ規定ニ準シテ處分スルコト

No.

船長又ハ船長ノ職務ヲ行フ者ヨリ之ヲ徴收ス

第二十九條　船舶ハ健全證書ノ交付ヲ海務局長ニ申請スルコトヲ得

前項ノ申請アリタルトキハ海務局長ハ其ノ船舶ノ健康狀態ヲ檢閲シ別記第七號書式ノ健全證書ヲ交付スヘシ

第三十條　常用外ノ爆發物又ハ容易ニ燃燒スヘキ物件ヲ搭載シ入港スル船舶ハ晝間ハ赤旗、夜間ハ紅燈一箇ヲ前檣頭又ハ見易キ場所ニ揭ケ自由碇泊所ニ於テ海務局長ノ指揮ヲ俟ツヘシ

第三十一條　前條ノ爆發物トハ有煙火藥（圧火藥、「コエルフ」火藥、「アンペライト」ノ類）、棉火藥各種「ダイナマイト」（「ブラスチングゼラチン」、「ゼリグナイト」、「ハアークルス」、「ゼラチンダイナマイト」「コ」カーボニット」「ウエーテル」「アイト」「ノーベルオルダー」）ノ類

ロ－0022　B列5　28字×10　南滿洲鐵道株式會社　（16. 6. 5,000册 鮮川納）

No.

ルダイト」、「ベリスチット」、「ピクリン」酸、黄色火薬、「メリニフト」、「デレグノールアベル」火薬、「ベライト」、「ロビライト」、「ノルネー」火薬、「マカリット」、「ファーベル」、「アスファリン」、「レエデット」、「ドナリット」、「アンモンカーボニット」、「コーレンカルボニット」、「アンモナール」、「ナイトログリセリン」、硝安爆薬、雷酸塩類雷汞、雷銀ノ類弾薬筒、實包、空包、薬筒、火薬又ハ爆薬ヲ装填シタル弾丸又ハ水雷、雷管、信管、爆管、内管、導火線煙火ノ類ヲ謂ヒ容易ニ燃焼スヘキ物件トハ生石油「ブルマ」油「ランクトン」油「ロップ」油ヲ包含ス石油、「ナフタ」、「テルピン」油、「エーテル」、「ベンゾール」、石油「ベンヂン」、「アセトン」、酒精及硫化炭素ノ類其ノ他華氏九十五度

No.

以下ノ熱度ニ依リ發火スヘキ気体ヲ發スルモノヲ謂ス
第三十二條　船舶ニ備付タル大砲一門毎ニ火藥五十發分、門管又ハ爆管七十箇、小銃一挺毎ニ實包又ハ空包百發分、雷管百五十箇及積載船舶相当量ノ信號用榴彈、火箭、焔管、救命焔具ニシテ適当ニ格納シタルモノヲ除クノ外爆發質ノ物件ハ總テ之ヲ常用外ト看做ス
容易ニ燃焼スヘキ物件ハ船舶ノ所用タルコトヲ證明シ得ルモノノ外總テ之ヲ常用外ト看做ス
第三十三條　港内ニ於テ常用外ノ爆發物又ハ容易ニ燃焼スヘキ物件ヲ積セムトスル船舶ハ其ノ品名、数量ヲ海務局長ニ届出

テ海務局長指定ノ場所ニ於テ積卸ヲ為スヘシ
前項ノ船舶ハ在港中晝間ハ赤旗、夜間ハ紅燈一箇ヲ前檣頭又ハ見易キ場所ニ揭クヘシ

第三十四條　火氣ヲ有スル汽艇又ハ端船ニシテ赤旗又ハ紅燈一箇ヲ揭クル船舶ノ近傍ヲ運航スルトキハ安全ナル距離ヲ保チ成ルヘク風下側ヲ運航スヘシ、風上側ヲ運航スルノ已ムヲ得サル場合ニ於テハ特ニ安全ナル距離ヲ保ツヘシ

第三十五條　船舶港內ニ於テ曳船ヲ為シ又ハ竹木、筏其ノ他ノ物件ヲ曳クトキハ左ノ制限ニ從フヘシ但シ海務局長ノ許可ヲ受ケタルトキハ此ノ限ニ在ラス

No.

一　曳船ノ船尾ヨリ被曳船、竹木、筏其ノ他ノ物件ノ後端ニ至ル迄ノ距離ハ百米以内トスルコト

二　並列シテ被曳船又ハ端船ヲ曳ク場合ニ在リテハ前号ノ距離ヲ超エサル限リ二隻トスルコト

三　被曳船及端船以外ノ船ヲ曳ク場合ハ一隻トスルコト

第三十六条　港内（西港以外ノ第三区ヲ除ク）ニ碇泊中ノ船舶ハ其ノ後端ニ被曳船、端船、竹木其ノ他ノ物件ヲ繋留シ水路ノ妨害ヲ及スヘカラス

第三十七条　港内ニ於テ船舶其ノ搭載セル多数ノ竹木ヲ水上ニ卸ナムトスルトキ及筏又ハ多数ノ竹木ヲ繋留シ運航（行）セムトス

ヨ―0022　B列5　28字×10　南満洲鉄道株式會社　(16. 6. 5,000冊)

No.

ルトキハ海務局長ノ許可ヲ受クヘシ

第三十八條　船舶港内ニ碇泊スルトキハ棧橋、繫船壁又ハ浮標ニ繫留スル場合ヲ除クノ外雙錨泊ヲ為スヘシ但シ海務局長ニ於テ必要ナシト認ムルトキハ此ノ限ニ在ラス

第三十九條　港内ニ碇泊スル船舶ハ錨ニ浮標ヲ附スヘカラス

第四十條　汽艇、發動機艇、浮船、端船、支那式船其ノ他櫓櫂ヲ以テ運航スル船舶ハ他船ノ航路ヲ避クヘシ

第四十一條　前條ノ船舶ニシテ埠頭、棧橋、岬角、護岸ノ突端又ハ繫留船ノ一端ヲ回航スル場合ニ於テ之ヲ右ニ見テ航行スルトキハ小廻リ、左ニ見テ航行スルトキハ大廻リヲ為スヘシ

ヨ－0022　B列5　28字×10　南滿洲鐵道株式會社　(16.6.5,000冊)

No.

第四十二條　船舶港内ヲ航行スルトキハ針路ヲ保ツニ必要ナル速力ニ止ムヘシ

港内ニ於テ船舶並列シテ航行シ又ハ第十八條ノ航路及老虎灘水道ニ於テハ他船ノ前路ヲ横切リ又ハ追越スヘカラス但シ汽艇其ノ他小廻船ニシテ危險ノ虞ナキ場合ハ此ノ限ニ在ラス

第四十三條　港内及其ノ沿岸ニ於ケル左ノ事項ハ関東長官ノ許可ヲ受クヘシ之ヲ変更シ又ハ撤去セムトスルトキ亦同ジ

一　棧橋架設、埠頭ノ築造

二　海面ノ埋立、浚渫、海岸ノ掘鑿

三　運河隧道ノ開通、橋梁、軌道ノ架設

No.

四 浮標、立標其ノ他航路標識ノ設置

五 第二区ノ沿岸（海軍用地ヲ除ク）ニシテ水面ヨリ百米以内ニ於ケル家屋倉庫其ノ他ノ築造物ノ新築

第四十四條 港内ニ於ケル左ノ事項ハ海務局長ノ許可ヲ受クヘシ

一 海面又ハ海底ニ於ケル工作物ノ施設、変更又ハ撤去

二 船舶航行ノ妨ト為ルヘキ一切ノ作業

第四十五條 港内ニ於テ船舶ノ運航ノ妨ト為ルヘキ漁撈採藻ヲ為スコトヲ得ス

第四十六條 海務局長ノ許可ヲ受クルニ非サレハ西港内ニ於テ

ロ－0022 B列5 28字×10 南滿洲鐵道株式會社 (16.6.3,000冊)

No.

水泳ヲ為スコトヲ得ス

第四十七條　繋留ノ為設置シタル浮標其ノ他ノ營造物ニ非サルモノニ船舶其ノ他ノ物件ヲ繋留スヘカラス

第四十八條　船舶カ浮標立標其ノ他ノ營造物ヲ毀損シタルトキハ其ノ修繕又ハ再設ノ費用ハ船長又ハ船長ノ職務ヲ行フ者之ヲ賠償スヘシ

第四十九條　第二区及西港ノ水面其ノ海岸並之ニ注流スル水流ニハ塵芥、灰燼、油類其ノ他ノ物件ヲ委棄スヘカラス但シ油類ハ第三区西港ヲ除クニ於テ排泄スルコトヲ得

港内ニ於テ荷足其ノ他土砂ノ類ヲ放棄セムトスルトキハ海務

ヨ－0022　B列5　28字×10　南滿洲鐵道株式會社　(16, 6, 5,000冊)

No.

司長ノ指揮ヲ受クヘシ
船舶ニシテ塵芥、灰燼其ノ他ノ物件ヲ處分スル為艀船ヲ要スルトキハ國際信號ドＴ又ハ籃ヲ掲クヘシ
前項艀船ニ要スル費用ハ船長又ハ船長ノ職務ヲ行フ者ノ負擔トス
第五十條 港内ニ於テ石炭其ノ他海底ニ堆積スル虞アル物件ヲ積卸セムトスルトキハ水中ニ脱落スルコトヲ豫防スル為必要ナル措置ヲ爲スヘシ
第五十一條 船舶ハ海務司官吏又ハ警察官吏ノ臨檢ヲ拒ムコトヲ得ス

No.

臨検官吏ノ要求アルトキハ船長其ノ他ノ乗組員ハ之ニ應シ必要ナル便宜ヲ與フヘシ

第五十二條　在港中ノ船舶警察官吏ノ救援ヲ要スルトキハ晝間ハ國際信號ＳＴ旗ヲ揚ケ夜間ハ藍火又ハ閃火ヲ示スヘシ

第五十三條　在港中ノ船舶火ヲ失シタルトキハ時鐘若ハ之ニ類似ノ振鳴器ヲ連打シ又ハ汽笛ヲ連吹シ晝間ハ國際信號ＮＱヲ揚ケ夜間ハ號火、火箭ヲ用ヰテ見易キ發火信號ヲ為シ且斷エス紅燈ヲ上下スヘシ船舶危急ノ場合ニ遭難シ救助ヲ要スルトキ亦同シ但シ晝間ハ國際信號ＮＣヲ揚クヘシ

第五十四條　海務局長ハ港内ニ於テ船舶ニ危害ヲ及ホスノ虞ア

No.

ルヲ難破物、委棄物其ノ他ノ物件ハ期間ヲ定メ義務者ヲシテ之
ヲ取除カシメ又ハ破壊セシムルコトヲ得
前項ノ場合ニ於テ義務者其ノ義務ヲ履行セサルトキハ海務局
長之ヲ執行シ又ハ第三者ヲシテ執行セシメ其ノ費用ハ義務者
ヨリ之ヲ徴収ス
第五十五條　廢船其ノ他船舶ニ非サル浮体ヲ有スル工作物ニハ
本令中船舶ニ関スル規定ヲ準用ス
第五十六條　海務局長ハ左ノ各號ノ一ニ該当スル船舶ニシテ航
海中特ニ危険ヲ惹起スルノ虞アリト認ムルトキハ一時其ノ出
港ヲ差止ムルコトヲ得

No.

一　乾舷記號ヲ有スル船舶ニシテ制限吃水ヲ超エテ貨物ヲ搭載シタルトキ

二　貨物積載方不完全ニシテ傾斜甚シキトキ

三　航海ニ適セサル事故アリタルトキ

第五十七條　港内ニ於テ倉庫船及休繫又ハ修繕セムトスル船舶ハ海務局長ニ届出テ碇泊位置ノ指定ヲ受クヘシ

第五十八條　艀船、渡船、支那形船夜間港内ヲ航行スルトキハ船上見易キ所ニ白燈ヲ掲クヘシ

第五十九條　港内ニ於テ特設信號ヲ用ヰムトスル者ハ海務局長ノ許可ヲ受クヘシ

南滿洲鐵道株式會社

No.

第六十條　港内ニ於ケル船舶ハ海上衝突豫防法ノ規定其ノ他法令ニ規定アル場合ヲ除クノ外濫ニ汽笛又ハ汽角ヲ吹鳴スルコトヲ得ス

第六十一條　船舶ノ艤装、休繋又ハ修繕ノ場合ニ於テ必要ト認ムルトキハ海務局長ハ相当船員ノ乗込ヲ命スルコトヲ得

第六十二條　本令又ハ本令ニ基ク處分ニ違反シタル者ハ二百圓以下ノ罰金又ハ科料ニ處ス

第六十三條　本令又ハ本令ニ基ク處分中船舶ニ係ルモノニ付テハ船長又ハ船長ノ職務ヲ行フ者其ノ責ニ任ス

船長又ハ船長ノ職務ヲ行フ者ハ其ノ船舶ノ乗組員カ本令ニ違

No.

反シタル場合ニ於テ自己ノ指揮ニ由サルノ故ヲ以テ其責ヲ免ルルコトヲ得ス

第六十四條　罰金、科料又ハ本令ニ依リ費用ノ負擔ヲ命セラレタル場合ニ於テ之ヲ完納セサルトキ又ハ相當ノ擔保物ヲ提供セサルトキハ其ノ船舶ノ出港ヲ許サス

第六十五條　本令中第一條乃至第六條、第十條、第十一條、第十八條乃至第二十三條、第三十八條、第三十九條、第四十二條及第四十九條ノ規定ハ外國艦艇ニ之ヲ適用ス

第六十六條　外國艦艇ニシテ入港ノ際第九條第二項各號ノ一ニ該當スル事實アルトキハ檢疫錨地ニ假泊シ檢疫信號ヲ揭ク一

No.

シ入港後傳染病患者發生シタルトキ亦同シ

前項ノ場合ニ於テハ海務局官吏ハ艦艇長ト協議シ本令ノ規定ニ準シテ處分ス

第六十七條　外國艦艇ノ乗員ハ滿洲國駐劄特命全權大使ノ許可ヲ受クルニ非サレハ武裝ノ儘上陸スルコトヲ得ス但シ准士官以上ニシテ其ノ服裝ニ帶劍ノ制アルモノニシテ帶劍ヲ爲スハ此ノ限ニ在ラス

第六十八條　本令ニ依リ大使ニ提出スヘキ書類ハ總テ海務局長ヲ經由スヘシ

附　則

No. 34

本令ハ昭和二年五月一日ヨリ之ヲ施行ス

ヨ－0022　B列5　28字×10　南滿洲鐵道株式會社　(16. 6. 5,000冊)

関東州船鑑札規則

昭和九年九月二十八日

関東庁令第四十二号

No.

20258

関東州船鑑札規則（現行）

昭和九年九月二十八日

関東庁令第四十二号

関東州船鑑札規則左ノ通改正ス

関東州船鑑札規則

第一條　関東州船籍令第二條各号ノ一ニ該当スル船舶ニシテ総噸数二十噸未満ノモノハ左ニ掲グルモノヲ除クノ外大連市、旅順市又ハ普蘭店ニ船籍港ヲ定メ其ノ所有者ヨリ関東庁海務局長ニ別記第一号書式ニ依リ甲種船鑑札ノ交付ヲ申請スベシ

一　総噸数五噸未満ノ帆船

南満洲鉄道株式会社

No.

二端舟其ノ他檣櫂ノミヲ以テ運轉シ又ハ主トシテ檣櫂ヲ以
テ運轉スル舟
第二條　関東廳海務局長ニ於テ甲種船鑑札交付ノ申請ヲ受ケタ
ルトキハ積量ノ測度ヲ為シ別記第二號書式ノ甲種船鑑札ヲ
申請人ニ交付スヘシ
第三條　第一條各號ノ一ニ掲クル船舶ノ所有者ハ尺度ヲ記載セ
ル別記第三號書式ニ依リ関東廳海務局長ニ乙種船鑑札ノ交付
ヲ申請スヘシ
第四條　関東廳海務局長ニ於テ乙種船鑑札交付ノ申請ヲ受ケタ
ルトキハ其ノ記載事項ヲ審査シ適當ナリト認メタルトキハ別

ヨ—0022　B列5　28字×10　南滿洲鐵道株式會社　(16. 6. 5,000冊)

11

No.

記第四號書式ノ乙種船鑑札ヲ申請人ニ交付スヘシ

第五條 船鑑札ノ交付ヲ受ケタルトキハ左ノ区別ニ依リ手数料ヲ納付スヘシ

一 甲種船鑑札ノ交付、書換又ハ再交付 一圓

二 乙種船鑑札ノ交付、書換又ハ再交付 五十錢

前項ノ手数料ハ官廳又ハ公共團体ニ対シテハ之ヲ徴收セズ

第六條 船鑑札ヲ受有セスシテ船舶ヲ航行ノ用ニ供シタルトキハ船舶所有者ヲ二十五圓以下ノ罰金ニ處ス

第七條 船鑑札ニ関シテハ前各條ニ規定スルモノヲ除クノ外通信省令船鑑札規則ニ依ル但シ地方官廳ノ事務ハ関東廳海務局

ヨ－0022 B列5 28字×10 南満洲鐵道株式會社

No.

之ヲ行フ

附　則

本令ハ昭和九年十月一日ヨリ之ヲ施行ス

（書式省略）

ヨ—0022　B列5　28字×10　南満洲鐵道株式會社

関東州水先規則

昭和四年七月二十五日

関東庁令第二十一号

昭和八年庁令第六二号

改正　昭和九年庁令第五六号

昭和十二年局令第六一号

No.

20260

（現行）関東州水先規則

ヨ—0022 B列5 28字×10 南滿洲鐵道株式會社

No.

関東州水先規則

昭和四年七月二十五日

関東廳令第二十一號

昭和八年廳令第六二號

改正　昭和九年廳令第五六號

昭和一一年局令第六一號

関東州水先規則左ノ通定ム

関東州水先規則

第一條　水先人ハ水先免状ヲ有スルコトヲ要ス

水先人ニ非ザル者ハ水先区ニ於ケ船舶ノ水路ヲ嚮導スルコト

ヨ―0022　B列5　28字×10　南滿洲鐵道株式會社　(16. 6. 5,000冊 ...)

No.

ヲ得ス

第二條 水先区ハ左ノ三区トス

旅順港水先区 旅順港取締規則第一條ニ規定スル水域

大連港水先区 大連港規則第一條ニ規定スル水域

普蘭店港水先区 普蘭店港規則第一條ニ規定スル水域

第三條 各水先区ニ於ケル水先人ノ定数左ノ如シ

旅順港水先区 二人以内

大連港水先区 八人以内

普蘭店港水先区 二人以内

第四條 水先免状ハ帝國臣民ニシテ水先人試験ニ合格シタル者

2

No.

ニ之ヲ下付ス

水先免状ハ別記様式ニ依ル

第五條　左ノ各號ノ一ニ該当スル者ハ水先人タルコトヲ得ス

一　年齢二十三年未満ノ者及六十年以上ノ者

二　懲役又ハ禁錮ノ刑ニ處セラレタルモノ

三　破産者

四　身体ノ機能障害ニ依リ水先業務ヲ営ムニ適セザルモノ

五　水先業務ヲ禁止セラレタル者

第六條　水先人左ノ各號ノ一ニ該当スルトキハ其ノ事由ヲ具シ

関東庁海務局長ヲ経テ遅滞ナク水先免状ヲ返納スヘシ水先人

3.

No.

其ノ手續ヲ為スコトヲ得サルトキハ水先免状ヲ保管スル者ニ
於テ其ノ手續ヲ為スヘシ

一　前條各號ノ一ニ該當シタルトキ

二　國籍ヲ失ヒタルトキ

三　廢業シタルトキ

四　失踪ノ宣告ヲ受ケ又ハ死亡シタルトキ

關東廳海務局長ハ水先人前項各號ノ一ニ該當ト認ムルトキハ
直ニ水先免状ノ返納ヲ命スヘシ

第七條　削除

第八條　水先免状記載事項ニ異動ヲ生シ又ハ水先免状ヲ汚損シ

4

ヨ—0022　B列5　28字×10　南滿洲鐵道株式會社　(16. 6 5,000冊 ...)

No.

若ハ亡失シタルトキハ其ノ事由ヲ具シ関東庁海務局長ヲ経テ遅滞ナク水先免状ノ書換又ハ再下付ノ申請ヲ為スヘシ但シ改氏名又ハ生年月日ノ訂正ノ場合ハ戸籍謄本ヲ添附スヘシ

前項ノ申請ヲ為サントスル者ハ手数料一圓ヲ納付スヘシ

第九條　水先人免状ヲ下付シタル者及返納シタル者又ハ返納ヲ命シタル者ノ氏名ハ関東局々報ヲ以テ之ヲ公告ス水先免状ノ記載事項ヲ変更シタルトキハ其ノ人名及事由ヲ関東局々報ヲ以テ公告ス

第十條　水先人試験ハ関東海務局長之ヲ行フ

試験ノ場所及日時水先区ノ名称並採用人員ハ試験三十日前迄

5

ヨ—0022　B列5　28字×10　南満洲鉄道株式会社　(16.5 5,000冊 …)

No.

タリシ者ニシテ関東長官ニ於テ必要ト認ムル者

第十二條 水先人試驗ヲ受ケントスル者ハ試驗期日十四日前迄ニ願書ヲ免許ヲ受ケントスル水先区ヲ指定シ戸籍謄本、履歴書及身分證明書ヲ添ヘ関東海務局長ニ提出スヘシ

前項ノ試驗ヲ受ケントスル者ハ手数料二十圓ヲ納付スヘシ

第十三條 履歴書ニハ學歴、經歴及現在ノ職業ヲ記載シ左ニ掲グル書類ヲ以テ之ヲ證明スヘシ

一 學歴 最終ノ學校ノ卒業證明書又ハ卒業證書写

二 經歴

(イ) 商船ニ乗組ミタル經歴 船員手帳又ハ之ニ準ズベキ證

ヨー0022 B列5 28字×10 南満洲鐵道株式會社

No.

明書

(ロ) 官公署ノ所屬船舶ニ乘組ミタル經歷 當該官公署ノ證明書又ハ辭令書寫

(ハ) 水先練習ヲ爲シタル經歷 指導水先人及當該船長ノ證明書

(ニ) 水先区ノ航海ニ從事シタル經歷 船舶所有者ノ證明書又ハ航海日誌ノ寫

第十四條 身分證明書ニハ左ノ事項ヲ記載シ本籍地市町村長ノ證明ヲ受クヘシ

一 氏名

8

ヨ—0022　B列5　28字×10　南滿洲鐵道株式會社

No.

二 本籍地

三 生年月日

四 第五條第二號及第三號ニ該當セザルコト

第十五條 水先人試驗ハ体格検査及學術試驗トス

体格検査ニ合格シタル者ニ非ザレバ學術試驗ヲ受クルコトヲ得ス

學術試驗ハ筆記試驗及口述試驗トシ左ノ事項ニ付之ヲ行フ但シ関東長官ニ於テ必要ナシト認ムルトキハ筆記試驗又ハ口述試驗ノ一部又ハ全部ヲ省略スルコトアルヘシ

一 英語

9

ヨ－0022 B列5 28字×10 南滿洲鐵道株式會社 (16.6 5,000冊 [illegible])

No.

二　航路標識、潮流、地勢、水路、港湾錨地及危險物ノ説明

三　船舶ノ嚮導及運航方法

四　羅針違差ノ檢定方法

五　船舶ノ衝突豫防、水路港湾ノ取締其ノ他水先人ノ職務ニ
関スル法規

筆記試驗ニ合格シタル者ニ非サレハ口述試驗ヲ受クルコトヲ
得ス

第十六條　水先人其ノ業務ニ從事スルトキハ水先免状ヲ携帯ス
ヘシ

水先人ハ関係官公吏ノ命令又ハ水先人ヲ要招シタル船長ノ要

10

No.

求アリタルトキハ直ニ水先免状ヲ提示スヘシ

第十七條 同一水先区ノ水先人ハ水先人組合ヲ組織シ組合事務所ヲ設クヘシ

組合事務所ノ位置、組合規約及業務規程ハ関東海務局長ノ認可ヲ受クヘシ之ヲ変更セントスルトキ亦同シ

組合規約中ニハ組合員ノ営業及組合ノ風紀秩序ニ関スル規定ヲ設クヘシ

業務規程中ニハ水先嚮導料金ニ関スル規定ヲ設クヘシ

関東海務局長必要アリト認ムルトキハ組合規約及業務規程ノ変更ヲ命スルコトヲ得

11

No.

第十八條　水先人組合ハ組合長一人ヲ置キ其ノ氏名ヲ関東海務局長ニ届出ツヘシ其ノ変更アリタルトキ亦同シ

組合長ハ組合ヲ代表シ組合規約及業務規程ノ實行ヲ監督シ組合員ニシテ之ヲ遵守セザル者アリタルトキハ遅滞ナク関東海務局長ニ届出スヘシ

組合長ハ毎年一月其ノ前年中ニ於ケル組合ノ状況ヲ関東海務局長ニ報告スヘシ

第十九條　水先人ヲ要招セントスル船舶ハ晝間ニ在リテハ國際信號PT又ハGヲ揭ゲ夜間ニ在リテハ一分毎ニ一閃光ヲ發スルカ又ハ汽笛長声ヲ四發スヘシ

12

ヨ—0022　B列5　28字×10　南滿洲鐵道株式會社　(19.8　5,000冊)

No.

水先人前項ノ信號ヲ認知シタルトキハ直ニ之ニ應シ水路ノ嚮導ヲ爲スヘシ

第二十條　水先人ヲ要招シタル船長ハ豫メ運航及操縦ニ関スル準備ヲ整ヘ之ニ要スル一切ノ労力ヲ水先人ニ提供スヘシ

水先人ヲ要招シタル船長ハ水先業務練習者ノ乗船ヲ拒ムコトヲ得ス

第二十一條　水先人ハ同時ニ二隻以上ノ船舶ノ水路嚮導ヲ爲スコトヲ得ズ

二隻以上ノ船舶ニ於テ同時ニ水先人要招ノ信號ヲ揭ケタルトキハ水先人ハ投錨ノ早キ船舶ノ要招ニ應ズベシ但シ危難ニ罹

13

ヨ―0022　B列5　28字×10　南滿洲鐵道株式會社

No.

リタル船舶アリタルトキハ其ノ順序ニ拘ラス該船舶ノ要招ニ應スヘシ

第二十二條　水先人水路ヲ嚮導スヘキ船舶ニ乗船シタルトキハ直ニ其ノ氏名及水先人タルコトヲ船長ニ告知スヘシ水先業務練習者ヲ随伴シタルトキ亦同ジ

水先人水路ヲ嚮導スヘキ船舶ニ乗船シ水先業務執行中ハ國際信號H旗ヲ揚ケ下船ノ際之ヲ撤去スヘシ

第二十三條　水先人乗船シタルトキハ船長ハ直ニ水先人ニ対シ船名、所有者氏名、船籍港、積量及吃水並ニ代理店名ヲ通告シ且水先人ノ下船ノ際各事項及水先業務開始並終了日時ヲ記シ

14

ヨ―0022　B列5　28字×10　南満洲鐵道株式會社

No.

タル書面ニ記名調印シテ之ヲ水先人ニ交付スヘシ

第二十四條　水先人ヲ要招シタル船長ハ水先人業務規程ノ定ムル所ニ依リ水路嚮導料ヲ支拂フヘシ

第二十五條　水先業務ノ練習ヲ為サントスル者ハ関東海務局長ニ願ヒ出ツヘシ

関東海務局長前項ノ願出ヲ適当ト認メタルトキハ水先人ヲ指定シテ水先業務ノ練習ヲ為サシムヘシ

第二十六條　水先人ハ水先業務練習者ニ付関東海務局長ノ指示ヲ拒ムコトヲ得ス

第二十七條　水先人ハ毎月水路嚮導ヲ為シタル日時、船舶ノ名

15

ヨ－0022　B列5　28字×10　南満洲鐵道株式會社

No.

称、國籍、總噸数、所有者氏名、代理店名及吃水ヲ記シタル報告書ヲ翌月五日迄ニ関東海務局長ニ提出スヘシ

水先人水先業務練習者ヲ随伴シタルトキハ其ノ状況ヲ前項報告書中ニ記載スヘシ

第二十八條　水先人他ノ業務ニ従事セントスルトキ又ハ引継ヲ七日以上水先業務ヲ休止セントスルトキハ其ノ事由ヲ具シ関東海務局長ノ許可ヲ受クヘシ

第二十九條　水先人其業務ニ従事中海難ニ罹リタルトキハ遅滞ナク其ノ顛末ヲ関東海務局長ニ届出ヅベシ

第三十條　水先人水先区内ニ於テ左ノ事項ヲ認知シタルトキハ

16

ヨ—0022　B列5　28字×10　南満洲鐵道株式會社

No.

遅滞ナク其ノ状況ヲ関東海務局長ニ報告スベシ

一　航路及航路標識ノ異状

二　航路ノ妨害トナルベキモノノ存在

三　航行上危険ノ虞アリト認ムルモノノ存在

第三十一條　水先人其ノ業務ニ従事スルニ当リ左ノ各號ノ一ニ該当スルトキハ関東州水先人懲戒委員會ハ裁決ヲ以テ之ヲ懲戒ス水先人第十七條第三項ノ規程ニ依リ組合規約ニ規定シタル事項ニ違反シタルトキ亦同ジ

一　過失、懈怠又ハ不当ノ行為ニ因リ船舶ニ損害ヲ加ヘ若ハ之ヲ沈没セシメ又ハ航路標識其ノ他ノ営造物ヲ毀損シタル

17

ヨ—0022　B列5　20字×10　南満洲鐵道株式會社

No.

トキ

二　過失、懈怠又ハ不当ノ行為ニ因リ人ヲ死傷ニ致シタルト

キ

三　業務ヲ怠リ又ハ業務上ノ義務ニ違反シタルトキ

四　乱酔粗暴其ノ他ノ失行アリタルトキ

関東州水先人懲戒委員會ノ組織及懲戒ノ手續ニ付テハ関東州

船舶職員懲戒規則ヲ準用ス

第三十二條　水先人ノ懲戒ハ左ノ三種トス

業務ノ禁止

業務ノ停止

18

ヨ―0022　B列5　28字×10　南満洲鐵道株式會社

No.

譴責

業務ノ停止ハ一日以上三年トス

第三十三條　船長其ノ要招シタル水先人第三十一條第一項各號ノ一ニ該当スト認ムルトキハ航海日誌及機関室日誌ノ写ヲ添ヘ関東海務局長ニ其ノ事實ヲ報告スヘシ

第三十四條　水先人業務ヲ怠リ因テ航路標識其ノ他ノ営造物ヲ毀損シタルトキハ百圓以上二百圓以下ノ罰金ニ処ス

水先人ニ非ザルモノ水先区ニ於テ水路ヲ嚮導シ因テ前項ノ罪ヲ犯シタルトキ亦前項ニ同ジ

第三十五條　左ノ各號ノ一ニ該当スル者ハ二百圓以下ノ罰金ニ

19

ヨ—0022　B列5　28字×10　南滿洲鐵道株式會社　(16. 6. 5,000冊)

No.

處ス

一　水先人ニ非ズシテ水路ノ嚮導ヲナシタルモノ

二　水先業務ノ停止中水路ノ嚮導ヲナシタルモノ

三　水先免状ヲ貸與シテ之ヲ行使セシメタルモノ

四　正当ノ事由ナクシテ水先要招ニ應ゼザリシ者又ハ水先要招ニ應ズルモ正当ノ事由ナクシテ水路ノ嚮導ヲ爲サザリシ者

五　船舶ノ吃水又ハ積量ニ付水先人ニ対シ虚偽ノ告知ヲ爲シタル者

第三十六條　第六條第一項、第七條第一項、第八條第二項、第

20

ヨ－0022　B列5　28字×10　南滿洲鐵道株式會社

No.

十六條、第十七條第二項、同條第三項、第十八條、第二十條乃至第二十三條、第二十六條乃至第三十條及第三十三條ノ規定ニ違反シタル者又ハ第十七條第五項ノ命令ニ遵ハザル者ハ五十圓以下ノ罰金又ハ科料ニ處ス

第三十七條　本令中船長ニ關スル規定ハ船長ニ代リテ其ノ職務ヲ行フ者ニ之ヲ適用ス

附　則

本令ハ昭和四年八月一日ヨリ之ヲ施行ス

大連港水先規則ハ之ヲ廢止ス但シ本令施行ノ際大連港水先業務ニ從事スル水先人ノ水先免状ハ仍一年間其ノ效力ヲ有ス

21

No.

本令施行ノ際関東州ノ水先業務ニ従事スル者ニシテ第五條各号ノ一ニ該当セサル者ニ対シテハ本令施行ノ日ヨリ一年内ニ限リ試験ヲ行ハズシテ現ニ従事スル水先区ノ水先免状ヲ下附ス

附則（昭和八年関東庁令第六二号）

本令ハ昭和九年一月一日ヨリ之ヲ施行ス

本令施行ノ際普蘭店港ニ於テ一年以上船舶ノ水路嚮導ニ従事シ第五條各号ノ一ニ該当セズ且二年以上總噸数二千噸以上ノ船舶ノ船長ノ経験ヲ有スル者ニ対シテハ試験ヲ行ハズシテ普蘭店港水先区ノ水先免状ヲ下附スルコトアルベシ

（昭和十四年八月一日現在）

22

ヨ―0022　B列5　28字×10　南满洲鐵道株式會社

関東州海員懲戒令

昭和十二年九月五日

勅令第三百十二号

No. 20261

⑦

関東州海員懲戒令（現行）

昭和十二年九月廿日制定

No.

関東州海員懲戒令（現行）

昭和十一年九月五日

勅令第三百十二號

朕関東州海員懲戒令ヲ裁可シ茲ニ之ヲ公布セシム

関東州海員懲戒令

関東州ニ於ケル海員ノ懲戒ニ関シテハ海員懲戒法第八條乃至第十四條、第三十六條及第三十九條乃至第四十三條ノ規定ヲ除クノ外同法ニ依ル但シ同法中遞信省トアルハ関東局、地方海員審判所又ハ海員審判所トアルハ関東海員審判所、刑事訴訟法トアルハ関東州裁判事務取扱令、官報トアルハ関東局々報トシ同法

No.

第十五條ノ報告ヲ為スベキ官吏及吏員ハ海務局官吏及警察官吏トス

附則

本令ハ昭和十一年九月十日ヨリ之ヲ施行ス

本令ハ本令施行前ニ生ジタル事件ニ付亦之ヲ適用ス但シ従前ノ規定ニ依リ審理ヲ完了シタルモノニ付テハ此ノ限ニ在ラス

ヨー0022　B列5　28字×10　南滿洲鐵道株式會社　(16. 6 5,000冊 [illegible])

関東州船舶職員令

昭和十一年九月五日

勅令第三百十一号

No.

20259

⑥

関東州船舶職員令（現行）

昭和十二年九月五日制定

ヨ—0022 B列5 18字×10 南満洲鐵道株式會社

No.

関東州船舶職員令（現行）

昭和十一年九月五日
勅令第四百十一號

朕関東州船舶職員令ヲ裁可シ茲ニ之ヲ公布セシム

関東州船舶職員令

第一條　関東州ニ於ケル船舶ノ職員ニ関シテハ本令ニ定ムルモノヲ除クノ外船舶職員法ニ依ル但シ同法中日本船舶トアルハ関東州ニ行ハルル命令ニ依ル日本船舶、船舶安全法トアルハ関東州船舶安全令ニ依ルコトヲ定メタル船舶安全法、判法トアルハ関東州裁判事務取扱令、逓信大臣トアルハ満洲國

ヨー0022　B列5　28字×10　南満洲鐵道株式會社

No.

駐箚特命全權大使トス

第二條　遞信大臣ノ授與シタル海技免状ハ本令ニ依リ大使ノ授與シタルモノト看做ス

第三條　台湾総督ノ授與シタル海技免状ニシテ大使ニ於テ本令ニ依リ授與シタルモノト同等ト認メタルモノハ之ヲ本令ニ依リ大使ノ授與シタルモノト看做ス

第四條　大使ハ關東州船舶安全令ニ於テ依ルコトヲ定メタル船舶安全法第二條第一項ノ規定ヲ適用セザル船舶ニ於テ船舶職員ニ該當スル職務ヲ執ル者ノ資格ニ關シ必要ナル規則ヲ設クルコトヲ得

ヨ－0022　B列5　28字×10　南滿洲鐵道株式會社

No.

附則

本令施行ノ期日ハ大使之ヲ定ム（昭和十一年関東局令第五十三號ヲ以テ同年九月十日ヨリ施行ス）

ヨ—0022　B列5　28字×10　南滿洲鐵道株式會社

南満洲鉄道株式会社

埠頭営業規定

昭和十三年四月十五日

社告第三十四号

No. 21326

埠頭営業規則中

貨物取扱規則

昭和十三年四月十五日

改正

ロ－0022　B列5　28字×10　南滿洲鐵道株式會社　(16.6.5,000冊 …)

No.

南満洲鐵道株式會社埠頭營業規定

昭和十三年四月十五日

社告第三四号、

第三章　貨物取扱

第一節　通則

第二十九條　艀荷役

會社ハ船舶又ハ荷主ノ請求ニ依リ艀荷役賃ヲ収受シテ艀荷役ヲ為ス

第三十條　貨物ノ改装

貨物ノ改装ヲ為サムトスル者ハ書證券ヲ當該埠頭ニ提出シテ

2 No.

會社ノ承諾ヲ受クルコトヲ要ス

第五十一條 貨物ノ改裝、秤量、精選、乾燥其ノ他ノ作業

貨物ノ改裝、精選、乾燥其ノ他ノ作業ノ請求ヲ為サムトスル者ハ書證券ヲ提示シテ所定ノ料金ヲ支拂ヒ請求書ヲ以テ書證埠頭ニ其ノ旨申込ヲ為スコトヲ要ス

前項ノ請求書ハ別ニ定ムル式紙ヲ用ヒ之ニ貨物ノ保管場所、品名、荷印、箇數其ノ他會社ニ於テ必要アリト認ムル事項ヲ記入スルコトヲ要ス

第五十二條 貴重品、危險品ノ範囲

本規程ニ於テ貴重品トハ南滿洲鐵道株式會社鐵道運送規程ニ

ヨー0022 B列5 28字×10 南滿洲鐵道株式會社 (16. 6. 5,000冊 ……)

3　No.

定ムル貴重品ヲ、危険品トハ港則（雄基、羅津、清津各埠頭ニ於テハ朝鮮總督府令銃砲火藥類取締令施行規則同引火質物取締規則）同南滿洲鐵道株式會社鐵道貨物等運送規則ニ定ムル危険品ヲ謂フ

第三十三條　證憑書類ノ呈示、提出

船舶又ハ荷主ハ貨物ノ輸移出入其ノ他ニ付官憲ノ許可ヲ要スル場合ニハ其ノ許可證書ヲ呈示又ハ提出スルコトヲ要ス

第三十四條　貨物ノ點検

會社ハ貨物ノ内容、重量、容積、其ノ他ニ付船舶又ハ荷主ノ提出セル書類ノ記載ニ疑アルトキハ何時ニテモ之カ點検ヲ為

No.

スコトアルヘシ
會社ハ貨物ノ收容ノ點檢ヲ爲サムトスルトキハ己ムコトヲ得サル場合ヲ除クノ外船舶又ハ荷主ノ立會ヲ求ム
點檢ノ結果提出書類ノ記載ニ相違スルトキハ點檢ニ要シタル費用及點檢ノ爲生シタル損害ハ之ヲ船舶又ハ荷主ノ負擔トス
第三十五條　品名、數量、價格等ノ相違ニ對スル船舶、荷主ノ責任
貨物ノ品名、數量又ハ價格ヲ船舶又ハ荷主ノ提出セル書類ノ記載ト相違シタルニ因リテ生シタル一切ノ損害ハ船舶又ハ荷主ノ負擔トス

5　No.

前項ノ場合ニ於テ品名又ハ價格ノ相違シタル書類ニ基キ計算シタル料金カ正当料金ニ不足スル場合ニハ會社ハ不足料金ノ外其ノ三倍ヲ収受ス

第三十六條　動物ノ飼養責任

会社ハ動物ノ保管ニ付テハ之カ飼養ニ任セス

第三十七條　貨物ノ改装、荷造等ノ處置

會社ハ貨物ノ保存又ハ保管上必要アリト認メタルトキハ船舶又ハ荷主ノ費用ヲ以テ貨物ノ改装、荷造等ノ處置ヲ為スコトアルヘシ

前項ノ處置ヲ為シタルトキハ会社ハ遅滞ナク船舶又ハ荷主ニ

ヨ－0022　B列5　28字×10　南滿洲鐵道株式會社

6　No.

其ノ旨ノ通知ヲ発ス

第三十八条　運送不完全ニ対スル船舶、船主ノ責任

船舶又ハ船主ハ貨物ノ運送ヲ為サザルカ又ハ運送ノ不完全ニ因リ会社ニ及ボシタル損害ヲ賠償スル責ニ任ス

第三十九条　債務弁済ノ義務

船舶又ハ船主ハ貨物ノ船積又ハ引取ヲ為サムトスルトキハ未払ノ賃金、立替金、費用其ノ他会社ニ対スル債務ノ弁済ヲ為スコトヲ要ス

会社ハ前項ノ債権ニ付貨物ノ上ニ留置権ヲ有ス

第二節　貨物ノ陸揚

ヨ－0022　B列5　28字×10　南滿洲鐵道株式會社　(16. 6. 5,000冊 [illegible])

7

No.

第四十條　陸揚ノ申込

貨物ノ陸揚ヲ為サムトスル船舶ハ船内ニ入未貨ヲ支持ヒ積荷目録及貨物積付図ヲ以テ予メ該埠頭ニ其ノ申込ヲ為スコトヲ要ス

積荷目録ニハ仕出港、船荷證券ノ番號、荷印及番號、品名、箇数、荷造、重量（一箇）一、〇〇〇瓩又ハ二、二〇〇封度ヲ超ユル貨物ニ対シテハ各箇ニ付テ、容積（一箇）一、一立方米、四〇立方尺呎又ハ四〇立方呎ヲ超ユル貨物ニ対シテハ各箇ニ付テ、荷送人及荷受人ノ氏名又ハ商號ヲ記入スルコトヲ要ス

左ノ各號ニ該当スル貨物ハ積荷目録ニ別記スルコトヲ要ス

一　法令ニ依リ輸移出入ヲ禁止セラレタル物品

ヨ－0022　B列5　28字×10　南満洲鐵道株式會社　(15. 6. 5,000冊 ...)

二 貴重品

三 危險品

四 他ニ危險（害）又ハ損害ヲ及ホス虞アル物品

第四十一條 陸揚貨物ノ授受ハ會社ト船舶トノ間ニ於テ之ヲ為ス但シ會社ニ於テ必要アリト認メタルトキハ船舶ト荷主トノ間ニ於テ之ヲ為サシムルコトアルヘシ

前項ノ場合ニ於ケル會社ト船舶トノ授受ハ陸揚貨物授受證ニ依リ陸揚配布後之ヲ為ス但シ會社ニ於テ必要アリト認メタルトキハ船側ニ於テ之ヲ為スコトアルヘシ

第四十二條 陸揚貨物ノ引取

9

No.

陸揚貨物ノ引取ヲ為サムトスル者ハ陸揚賃ヲ支払ヒ船舶ニ於テ引渡依頼ノ旨ヲ表示セル船荷証券又ハ之ニ代ルヘキ証書ヲ当該埠頭ニ提出シテ其ノ請求ヲ為スコトヲ要ス

第四十三条　陸揚貨物ノ引取期間

陸揚貨物ハ左ノ期間内ニ引取ヲ為スコトヲ要ス

一　貴重品、危険品、動物、死体　貨物陸揚ノ当日

二　其ノ他ノ貨物　陸揚ノ日共四日

前項ノ期間内ニ貨物ノ引取ヲ為サレサルトキハ会社ハ期間満了後埠頭保管料及荷役手数料ヲ収受ス

船舶又ハ荷主ハ第一項ノ引取期間内ニ貨物ノ引取ヲ為サザル

ヨ—0022　B列5　28字×10　　南満洲鐵道株式會社　　(16. 6. 5,000冊)

會社ニ於テ生シタル損害ヲ賠償スル責ニ任ス

第十四條　陸揚貨物ノ受託、託送

荷主ハ陸揚貨物ヲ南満洲鐵道株式會社倉庫營業規則又ハ南満洲鐵道株式會社鐵道運送規程ニ依リ受託又ハ託送スルコトヲ得

前項ノ規定ニ依ル受託又ハ託送ハ前條第一項ノ期間内ニ為サレタルトキハ荷役料ヲ、期間満了後ニ為サレタルトキハ期間満了ノ日ノ翌日ヨリ受託又ハ託送ノ日ノ前日迄ノ日数ニ対スル埠頭保管料、陸揚手數料及荷役料ヲ收受ス但シ託送ノ場合ニ於テ貨物ノ荷役ヲ為サレサルトキハ荷役料ハ之ヲ收受セス

第三節 貨物ノ船積

第四十五條 積取ノ申込

貨物ノ積取ヲ請ハムトスル船舶ハ船舶ノ人未償ヲ支拂ヒ積荷明細書ニ依テ當該埠頭ニ其ノ申込ヲ為スコトヲ要ス

積荷明細書ニハ仕向港、船積相關書類、荷印、品名、箇數、荷造、重量（一箇一、〇〇〇瓩又ハ二、二〇〇封度ヲ超ユル貨物ニ對シテハ各箇ニ付）、容積（一箇一、一一三立方米、四〇立方尺又ハ四〇立方呎ヲ超ユル貨物ニ對シテハ各箇ニ付）荷送人ノ氏名又ハ商號ヲ記入スルコトヲ要ス

第四十條第三項ノ規定ハ積荷明細書ノ記載ニ付之ヲ準用ス

12　No.

第四十六條　船積ノ申込
貨物ノ船積ヲ為サムトスル者ハ貨物ヲ提供シ船積賃ヲ支拂ヒ
船積申込書及船積指図書ヲ以テ当該埠頭ニ其ノ申込ヲ為スコ
トヲ要ス
船積申込書ハ別ニ定ムル式紙ヲ用ヰ之ニ繋留区、船名、仕向
港、荷印及番號、品名、箇数、荷造、重量（一箇一、〇〇〇瓩又
ハ二、二〇〇封度ヲ超ユル貨物ニ対シテハ各箇ニ付）、容積（一箇
一、一一立方米、四〇立方尺又ハ四〇立方呎ヲ超ユル貨物ニ対
シテハ各箇ニ付）其ノ他會社ニ於テ必要アリト認ムル事項ヲ記
入スルコトヲ要ス

13 No.

第四十條第三項ノ規定ハ船積申込書ノ記載ニ付之ヲ準用ス

第四十七條 船舶貨物ノ授受

船積貨物ノ授受ハ會社ト船舶トノ間ニ於テ之ヲ為ス但シ會社ニ於テ之ヲ為サシムルコトアルヘシ

前項ノ場合ニ於ケル會社、船舶間ノ授受ハ積荷目録ニ依リ船側ニ於テ之ヲ為ス但シ會社ニ於テ必要アリト認メタルトキハ貨物配布ノ際之ヲ為スコトアルヘシ

貨物ヲ受取リタル船舶ハ貨物受領證ヲ其該埠頭ニ提出スルコトヲ要ス但シ第一項但書ノ場合ハ此ノ限ニ在ラス

前項ノ貨物受領證ヲ受取リタルトキハ會社ハ之ヲ船積申込者

ヨー0022 B列5 28字×10 南滿洲鐵道株式會社

No.

14

ニ之付ス

第四十八條 船積貨物ノ返還

會社ハ貨物ノ船積ヲ引受ケタル後之カ返還ノ請求アリタルトキハ會社ニ於テ支障ナシト認メタル場合ニ限リ之カ受理ヲ為ス

前項ノ規定ニ依リ貨物ノ返還ヲ為シタルトキハ會社ハ返還ノ為ニ要シタル費用ヲ收受ス

第五十條ノ規定ハ本條ノ貨物ニ付之ヲ適用ス

第四十九條 船積期間

船積貨物ハ左ノ期間内ニ船積ヲ為スコトヲ要ス

ヨー0022 B列5 25字×10 南滿洲鐵道株式會社

No.

15

一　貴重品、危険品、動物、死体　貨物提供ノ当日

二　其ノ他ノ貨物　貨物提供ノ日共七日

前項ノ期間内ニ貨物ノ船積ヲ為サレサルトキハ會社ハ期間満了後埠頭保管料及残余手数料ヲ收受ス

船舶又ハ荷主ハ第一項ノ船積期間内ニ貨物ノ船積ヲ為サレサル為會社ニ及ホシタル損害ヲ賠償スル責ニ任ス

第五十條　船積貨物ノ引取

船積貨物ニシテ船積ヲ為サレスシテ引取ヲ為サルル場合ニ於テ其ノ引取カ前條ノ期間内ニ為サレタルトキハ會社ハ貨物提供ノ日ヨリ引取ノ日迄ノ日数ニ対スル埠頭保管料ヲ、期間満

16　No.

了後ニ為サレタルトキハ貨物提供ノ日ヨリ引取ノ日迄ノ日数
ニ対スル埠頭保管料金及倉庫手数料ヲ収受ス
第五十一條　船積貨物ノ寄託、託送
船積貨物ニシテ船積ガ為サレザルニ至リタルトキハ荷主ハ南
満洲鐵道株式會社倉庫営業規則又ハ南満洲鐵道株式會社鉄道
運送規程ニ依リ貨物ノ寄託又ハ託送ヲ為スコトヲ得
前項ノ規程ニ依ル寄託又ハ託送ガ第四十九條第一項ノ期間以
ニ為サレタルトキハ貨物提供ノ日ヨリ寄託又ハ託送ノ日ノ前
日迄ノ日数ニ対スル埠頭保管料及荷役賃ヲ、期間満了後ニ為
サレタルトキハ貨物提供ノ日ヨリ寄託又ハ託送ノ日ノ前日迄

No.

17

ノ日数ニ対スル埠頭保管料、倉庫手数料、荷繰賃ヲ收受ス但シ
託送ノ場合ニ於テ貨物ノ荷繰ヲ為サザルトキハ荷繰賃ヲ收
受セズ

第四節　貨物ノ接續

第五十二條　接續貨物

陸揚貨物ニシテ再ビ船積セラルル場合ニハ會社ハ之ヲ接續貨
物トシテ取扱フ但シ貴重品、危險品、動物、屍体其ノ他普通
減量シ易キ貨物ハ此ノ限ニ在ラズ

第五十三條　接續ノ申込

接續貨物ノ取扱ヲ受ケントスル者ハ接續賃ヲ支拂ヒ貨物陸揚

ヨ－0022　B列5　28字×10　南滿洲鐵道株式會社

前積荷目録又ハ別ニ定ムル接續申込書ヲ以テ当該埠頭ニ其ノ申込ヲ為スコトヲ要ス積荷目録ニハ第四十條第二項ニ定ムル記載事項ノ外接續貨物タル旨仕向港、接續船舶名及其ノ入港日ヲ記載スルコトヲ要ス

前項ノ規定ハ接續申込書ノ記載ニ付之ヲ準用ス

前條但書以外ノ陸揚貨物ニシテ第四十三條ノ引取期間内ニ接續貨物取扱ノ申込アリタル場合ハ之ヲ接續貨物トシテ取扱フコトアルベシ

第五十四條　接續期間

接續貨物ニシテ陸揚ノ日ヨリ十五日以内ニ船積ヲ為サレザルト

17

No.

キ〃以後ノ日数ニ対シ埠頭保管料及残存手数料ヲ収受ス

第五十五條　接續ノ取消

接續貨物ニシテ接續申込ノ取消ヲ為サレタル場合ニハ陸揚ノ

時ヨリ之ヲ陸揚貨物タリシモノト看做ス

第五節　貨物ノ荷繰

第五十六條　荷繰ノ申込

船舶又ハ荷主ハ埠頭構内ニ於テ貨物ノ荷繰ヲ要スルトキハ書

證券ヲ提示シテ荷繰貨物ヲ指定シ荷繰申込書ヲ以テ当該埠頭ニ

其ノ申込ヲ為スコトヲ要ス

荷繰申込書ハ別ニ定ムル式紙ヲ用ヰ之ニ貨物ノ保管場所、荷

ヨ－0022　B列5　28字×10　南満洲鐵道株式會社　（16．0．5000冊 鉛川納）

20　No.

揚先、荷揚ノ事由、品名、荷印、数量其ノ他会社ニ於テ必要アリト認ムル事項ヲ記入スルコトヲ要ス

第　第六節　貨物ノ不引取

第五十七條　不引取貨物ノ処理

陸揚貨物ニシテ陸揚後、其ノ他ノ貨物ニシテ提供後三月ヲ経過スルモ引取ナキトキハ会社ハ船舶ヨリ荷主ニ貨物引取ノ催告ヲ発ス

前項ノ催告発送後六月ヲ経過スルモ其ノ引取ナサレザルトキハ会社ハ船舶ハ荷主ノ費用ヲ以テ換價、供託其ノ他適宜ノ処置ヲ為スコトアルベシ

ヨ－0022　B列5　28字×10　　南滿洲鐵道株式會社

21　No.

第一項ノ場合ニ於テ貨物ノ性質、價格等ニ依リ保管ニ適セス
ト認ムルトキハ會社ハ三日以内ト雖船舶又ハ荷主ニ引取ノ催
告ヲ發シ催告發送後遅滞ナク其ノ引取ヲ為サレサル場合ニハ
前項ノ處置ヲナスコトヲ得

第五十八條　換價其ノ他ノ處分ヲ為シタル場合ノ處理

前條ノ規定ニ依リ貨物ノ換價其ノ他ノ處分ヲ為シタルトキハ
會社ハ遅滞ナク船舶又ハ荷主ニ其ノ旨ノ通知ヲ發ス
貨物ヲ換價シタルトキハ會社ハ其ノ換價金ヲ以テ料金、立替
金、費用其ノ他會社ニ対シテ負担シタル債務及換價ニ要シタル
費用ノ辨済ニ充當シ尚剰余アルトキハ船舶又ハ荷主ニ之ヲ拂戻

ヨ－0022　B列5　28字×10　南満洲鐵道株式會社　(16.6. 5,000冊)

22　No.

ニ不足アルトキハ之ヲ追徴ス

第五十九條　引取後搬出セラレサル貨物ノ處理

船舶又ハ荷主ハ貨物ノ引取ヲ済シタルトキハ遲滯ナク之ヲ埠頭構内ヨリ搬出スルコトヲ要ス

貨物カ引取後遲滯ナク搬出セラレサルトキハ會社ハ以後ノ日數ニ對シ留置料ヲ收受ス但シ陸揚貨物ニシテ第四十三條第一項ノ引取期間内ニ在リテハ此ノ限ニ在ラス

陸揚貨物ニシテ第四十三條第一項ノ引取期間内ニ、船積貨物ニシテ第四十九條第一項ノ船積期間内ニ引取ヲ済シ期間滿了後搬出カ済サレタルモノニ對シテハ前項ノ留置料ノ外殘荷手

ヨ―0022　B列5　28字×10　南満洲鐵道株式會社

No.

23

數料ヲ收受ス

船舶又ハ荷主ハ貨物引取後遲滯ナク其ノ船舶ヲ返サヽル場合會社ニ於テ生シタル損害ヲ賠償スル責ニ任ス

第三十七條、第五十七條及第五十八條ノ規定ハ本條ノ貨物ニ付之ヲ準用ス

第六十條　引渡請求權ノ消滅

貨物ノ引渡請求權ハ會社カ貨物引取ノ催告ヲ發シタル日ヨリ一年間、換價金ノ引渡請求權ハ會社カ換價ノ通知ヲ發シタル日ヨリ一年間之ヲ行使セサルニ因リテ消滅ス

第四章　會社ノ責任

ヨ－6022　B列5　28字×10　南滿洲鐵道株式會社　(16. 6. 5,000冊 ……)

24 No.

第六十一條　貨物ノ內容、性質、重量、容積ニ對スル責任

會社ハ貨物ノ內容、性質、重量及容積ニ付テハ之カ證明ヲ渡シタル場合ヲ除クノ外其ノ責ニ任セス

第六十二條　滅失、毀損ニ因ル損害ノ賠償責任

會社ハ貨物受取ノ時ヨリ引渡ノ時迄ノ間ニ生シタル貨物ノ滅失又ハ毀損ニ因ル損害ヲ賠償スル責ニ任ス但シ其ノ損害カ左ノ原因ニ基因スルコトヲ證明シタルトキハ此ノ限ニ在ラス

一　天災、事変、氣候、防疫、官憲ノ處分、強盗、同盟罷業其ノ他ノ不可抗力

二　貨物ノ性質、包装又ハ記號ノ不完全

25 No.

三 火災、爆發、雨、露、霜、雪、雨漏、風、波浪、濕氣、
浸水、鼠害、蟲害、但シ會社ノ故意又ハ重大ナル過失ニ基
キタルモノ
四 前各號ノ外會社ノ故意又ハ過失ニ基カサル事由

第六十三條 點檢ニ因ル損害ノ賠償責任
第五十四條第一項ノ規定ニ依リ會社ニ於テ貨物ノ點檢ヲ為シタル場合ニ於テ船舶又ハ荷主ノ提出セル書類ノ記載ニ相違ナキトキハ點檢ノ為生シタル損害ハ會社ニ於テ之ヲ賠償スル責ニ任ス

第六十四條 作業ニ因ル損害ノ賠償責任

ヨ＋6022 B列5 28字×10 南滿洲鐵道株式會社 (16.6. 5,000冊 [illegible])

26 No.

船舶着離、繋纜、船内作業、艀荷役、倉内作業及ヒ第九條第五項ニ依ル荷主作業並第十條ニ定ムル作業ノ拒絶、休止ニ因リテ生シタル船舶又ハ貨物ノ損害ニ対シテハ會社ノ故意又ハ重大ナル過失ニ基因シタルコトノ證明セラレタル場合ヲ除クノ外會社ハ之カ賠償ノ責ニ任セス

第六十五條　荷役道具、歩板、摩擦船等ノ使用ニ因ル損害ノ賠償責任

第六十一條ノ規定ニ依リ會社カ荷役道具、歩板、摩擦船等ヲ貸與シタル場合ニハ之カ使用ニ因リ損害ヲ生スルコトアルモ會社ハ之カ賠償ノ責ニ任セス

27

No.

第六十六條　埠頭設備使用ニ因ル損害ノ賠償責任

埠頭設備ヲ使用スル場合ニ於テ天災、事變又ハ豫メ知ルコト

ヲ得サル埠頭設備ノ瑕疵ニ因リ船舶ニ損害ヲ生スルコトアル

モ會社ハ之カ賠償ノ責ニ任セス

第六十七條　小蒸汽船、艀ノ貸賃、曳船作業中ニ生シタル損害

ノ賠償責任

小蒸汽船又ハ艀ノ貸賃者ハ曳船作業中ニ生シタル船舶又ハ貨

物ノ損害ニ對シテハ會社ノ故意又ハ重大ナル過失ニ基因シタ

ルコトノ證明セラレタル場合ヲ除クノ外會社ハ之カ賠償ノ責

ニ任セス

ヨー0022　B列5　28字×10　　南滿洲鐵道株式會社

28 No.

第六十八條 滅失、毀損ノ通知

會社ハ貨物受取ノ時ヨリ引渡ノ時迄ニ生シタル貨物ノ滅失又ハ毀損ニ因ル損害ヲ發見シタルトキハ遅滞ナク船舶又ハ荷主ニ其ノ旨ノ通知ヲ發ス

第六十九條 滅失、毀損ニ因ル損害ノ賠償額

貨物ノ滅失又ハ毀損ニ因ル損害ノ賠償額ハ滅失又ハ毀損發生ノ時期不明ナルトキハ發見当時ノ当該埠頭所在地ニ於ケル同種類、同品質ノ貨物ノ市場價格ニ依リ之ヲ定ム

第七十條 滅失ト看做シ得ル時期

陸揚貨物ニシテ陸揚後、其ノ他ノ貨物ニシテ提供後三月ヲ経

29 No.

過スルモ會社ノ責ニ歸スヘキ事由ニ因リ貨物ノ引渡ヲ爲シタル
コト能ハサルトキハ船舶又ハ荷主ハ之ヲ滅失シタルモノト看
做スコトヲ得

第七十一條　賠償請求權ノ消滅

貨物ノ滅失又ハ毀損ニ因ル損害ノ賠償請求權ハ船舶又ハ荷主
カ貨物ノ船積又ハ引取ノ際留保ヲ爲ササルトキハ消滅ス但シ
直ニ發見スルコト能ハサル一切滅失又ハ毀損アリタル場合ニ
於テ荷主カ引取後ニ生シタルモノニ非サルコトヲ證明シ引取
後二週間以内ニ其ノ要求ヲ爲シタルトキハ此ノ限ニ在ラス
前項ノ留保ヲ爲シタル場合ト雖貨物ノ滅失又ハ毀損ニ因ル損

30 No.

害ノ賠償請求権ハ貨物ノ船積又ハ引取ヲ為シタル日（滅失ノ場合ハ船積貨物ニ在リテハ船積期間、接續貨物ニ在リテハ接續期間、陸揚貨物ニ在リテハ引取期間満了ノ日）ヨリ一年間之ヲ行使セサルニ因リテ消滅ス

前二項ノ規定ハ貨物ノ滅失又ハ毀損カ會社ノ故意又ハ重大ナル過失ニ基因スルコトノ證明セラレタル場合ニハ之ヲ適用セス

大連港水先規則

No. 20268

15

関東州水先規則（現行）

昭和十四年八月一日、

ヨ―0022　B列5　28字×10　南滿洲鐵道株式會社

No.

大連港水先規則

府令第三十四號

大連港水先規則左ノ通定ム

明治四十三年十月二十六日　関東都督　子爵　大島義昌

大連港水先規則

第一條　水先人ハ左ノ各號ノ一ニ該当シ関東都督ノ水先免状ヲ享有スル者タルコトヲ要ス

一　二年以上總噸数千噸以上ノ航洋船ニ乗リ組ミ船長ノ職ヲ執リタル者

一　一年以上總噸数五百噸以上ノ航洋船ニ乗リ組ミ船長ノ職

No.

ヲ執リ且ツ一年以上大連港水先区ニ於テ水先ノ実務ヲ練習シタル者

第二條　水先免状ヲ享有セムトスル者ハ申請書ニ履歴書及其ノ證明書ヲ添ヘ海務局ヲ經由シ関東都督ニ提出スヘシ

第三條　関東都督ハ前條ノ申請ニ依リ其ノ資格ヲ審査シ適当ト認メタルトキハ別表書式ノ水先免状ヲ交付ス

第四條　水先人ノ定員ハ当分ノ内三人トス

第五條　水先人其ノ業務ニ従事スルトキハ水先免状ヲ携帯スヘシ

第六條　水先人ハ豫メ事務所ノ位置及業務ニ関スル規定ヲ設ケ

No.

海務局長ノ認可ヲ受クヘシ
第七條　水先人ヲ要スル艦船ハ口頭又ハ万国船舶信號PT旗ヲ揚ケ水先人ヲ直水先人事務所ニ請求スヘシ
第八條　前條ノ請求アリタルトキハ水先人ハ遅滞ナク当該艦船ニ乗船シ水路嚮導、繫留又ハ解纜ノ任ニ当ルヘシ
第九條　水先人ヲ要シタル艦船長ハ船名、國籍、總噸数、所有者名、代理店名、乗入当時ノ各喫水及日時ヲ記載シ記名調印シテ之ヲ水先人ニ提供スヘシ
第十條　水先人ヲ要スル艦船長ハ發着、運航及操縦ニ関スル準備ヲ整ヘ之ニ要スル一切ノ努力ヲ水先人ニ提供スヘシ

ヨー0022　B列5　28字×10　南滿洲鐵道株式會社　(16. 6. 5,000冊)

No.

第十一條 水先人ハ毎年六月及十二月末日迄ニ水先ヲ為シタル船舶（艦船）ノ名稱、國籍、所有者、噸數及喫水ヲ記載シタル營業報告書ヲ海務局ニ提出スヘシ

第十二條 水先免狀ノ記載事項ニ變更ヲ生シタルトキ又ハ水先免狀ヲ滅失若ハ毀損シタルトキハ遲滯ナク其ノ事由ヲ具シ書換又ハ再交付ノ申請ヲ為スヘシ

第十三條 水先人廢業セムトスルトキハ海務局ニ屆出ツヘシ

第十四條 水先人左ノ各號ノ一ニ該當スルトキハ水先人タルノ資格ヲ失フ

一 懲役若ハ禁錮以上ノ刑ニ處セラレタルトキ

No.

二　家資分散者ハ破産ノ宣告ヲ受ケタルトキ

三　身体ノ機能ニ故障ヲ生シ業務ヲ営ムコト能ハサルニ至リタルトキ

四　水先免状ノ行使ヲ禁止セラレタルトキ

前項ノ場合ニ於テ水先人ハ遅滞ナク水先免状ヲ海務局ニ返還スヘシ廃業シタルトキ亦同シ

水先人失踪ノ宣告ヲ受ケ又ハ死亡シタルトキハ現ニ水先免状ヲ保管スル者ニ於テ前項ノ手続ヲナスヘシ

第十五條　水先人ハ左ノ区別ニ従ヒ手数料ヲ納ムヘシ

一　免状ヲ受ケタルトキ　金十圓

ヨー0022　B列5　28字×10　南満洲鐵道株式會社

No.

二　免状ノ書換又ハ再交付ノトキ　金一圓

手数料ハ収入印紙ヲ以テ之ヲ納ムヘシ

第十六條　水先人其業務上ノ義務ニ違背シ又ハ之ヲ怠リタルト

キ又ハ信用ヲ失フヘキ行為アリタルトキハ水先人懲戒委員会

ノ裁決ヲ以テ之ヲ懲戒ス

懲戒ハ左ノ三種トス

一　免状行使ノ禁止

一　免状行使ノ停止

三　譴責

免状行使ノ停止ハ一月以上三年以下トス

ヨ―0022　B列5　28字×10　南満洲鐵道株式會社　(16. 6. 5,000冊 [illegible])

No.

水先人懲戒委員會ノ組織及懲戒ノ手續ニ關シテハ別ニ之ヲ定ム

第十七條　左ノ各號ノ一ニ該當スル者ハ二百圓以下ノ罰金ニ處ス

一　水先人ニシテ其ノ業務ヲ怠リ因テ航路標識其ノ他ノ營造物ヲ毀損又ハ沈沒セシメタル者

二　水先人ニ非スシテ水先區ニ於テ水路ヲ嚮導シタル者

三　水先免状行使ノ停止中水先人ノ業務ヲ營ミタル者

四　水先免状ヲ貸付シ之ヲ行使セシメタル者

五　第八條ニ違反シタル者

ヨ—0022　B列5　28字×10　南滿洲鐵道株式會社　(16. 6. 5,000冊. 館川謄)

No. 8

六 正当ノ理由ナクシテ水先人ノ乗船ヲ拒ミタル者

第十八条 本令第五条第六条第十条第十一条第十二条第十三条、第十四条第二項及第三項ノ規定ニ違反シタル者ハ科料ニ処ス

第十九条 本令ニ於テ船長ニ関スル規定ハ之ニ代リテ其ノ職務ヲ行フ者ニ之ヲ適用ス

附則

本令ハ明治四十三年十一月一日ヨリ之ヲ施行ス